LES

GRAVEURS

DU XIXe SIÈCLE

GUIDE DE L'AMATEUR D'ESTAMPES MODERNES

PAR

HENRI BERALDI

II

BELLANGÉ — BOVINET

PARIS
LIBRAIRIE L. CONQUET
5, RUE DROUOT, 5

1885

LES

GRAVEURS

DU XIXe SIÈCLE

LES
GRAVEURS
DU XIXe SIÈCLE

BELLANGÉ (Hippolyte), né à Paris le 16 janvier 1800, mort le 10 avril 1866.

« Tel est au siècle où nous sommes, l'engouement pour les imitations inspirées de l'ancien » temps, que si de trop rares artistes ne s'étaient » dévoués à mettre en scène la société où Dieu » les a jetés, nos arrière-neveux risqueraient » d'ignorer quel a été l'aspect de la France du » XIXe siècle....

» Entre les peintres qui ont donné toute leur » existence au siècle présent et à la Patrie, le » sentiment public a surtout consacré quatre » noms, quatre hommes, élus par l'opinion » les peintres du peuple : chacun aura deviné » déjà H. Vernet, Charlet, Raffet, enfin Hippolyte Bellangé.

» Esprits vifs et sensés, génies accessibles et » faciles, frappés à la marque française, ce sont » quatre enfants de Paris, nés entre les dernières » années de Louis XVI et l'avènement de » Napoléon, au moment où la Révolution re- » nouvelait les matériaux de l'histoire. De ces » lutteurs, il en est deux qui, voués plus » spécialement aux improvisations du crayon- » nage, se sont faits en quelque sorte chanson- » niers pour le populaire et ont dépensé, en » monnaie qui s'éparpille, des talents d'une » énorme valeur. Les deux autres ont plus » particulièrement marqué leur place au rang » des peintres. Leurs ouvrages sont des pages » vraies, essentielles, curieuses, de notre his- » toire morale ; elles resteront nécessaires, et » l'avenir se les disputera. »

C'est ainsi que notre ami regretté Francis Wey, dès les premiers mots d'une étude biographique précédant le catalogue de l'exposition posthume des œuvres d'Hippolyte Bellangé (1867), indiquait d'un trait précis que si l'on peut rapprocher, grouper des artistes qui ont peint et lithographié des scènes militaires ou populaires, une différence profonde existe, entre Charlet et Raffet d'un côté, pour qui la lithographie fut *le principal*, et Bellangé de l'autre, pour qui elle ne fut que *l'accessoire*.

C'est un point auquel il est essentiel de prendre

garde lorsqu'on voudra juger les lithographies de Bellangé. On se rappellera que, placé jeune dans l'atelier de Gros, où il se lia d'amitié intime avec Charlet, l'envie dut naturellement lui venir d'essayer un procédé séduisant par sa nouveauté et sa facilité, d'esquisser, lui aussi, quelques croquis, quelques costumes militaires, quelques types de l'armée de Napoléon; de se procurer quelques ressources en publiant comme son camarade et comme Raffet un album annuel; ou bien, en 1830, de dire son mot sur la révolution (et dans le sens de la révolution, car, selon une mode du temps, il alliait le libéralisme au bonapartisme, autre point de ressemblance avec Charlet et Raffet). Mais on se rappellera aussi que son dernier album date de 1834, c'est-à-dire de l'année où il obtint la croix comme peintre (1), qu'à partir de ce moment il se voua à peu près entièrement à la peinture et ne prit plus que rarement le crayon lithographique, et l'on se tiendra en garde contre la tentation d'établir des comparaisons entre son œuvre lithographique et ceux de Charlet et de Raffet. (2)

(1) Pour le tableau du *Retour de l'Ile d'Elbe.*

(2) Le gros public, naguère, s'y trompait. Gustave Planche, qui prenait volontiers les choses au tragique, était exaspéré de voir la foule ébahie, collée aux vitres de Martinet, ne distinguant pas Charlet de Bellangé. Et après avoir conspué cette foule ignorante, il disait : « M. Bellangé n'est pas » chargé de peser les suffrages qu'il recueille; il est maître de son public, » il le gouverne et l'amuse à sa manière, il compte les éclats de rire, il les

Comme lithographe, Bellangé possède la facilité et une manière d'enjouement, mais sans avoir la vivacité d'impression et le mordant des légendes explicatives : ce qui s'explique par son caractère, ses goûts simples et calmes. Il était « trop captivé par le bonheur du logis » : voilà, discrètement exprimé, le reproche que l'on peut adresser à notre artiste; il n'était pas homme à poursuivre, comme Charlet, au milieu des troupiers, des ouvriers, des enfants du peuple ce qu'on a très bien appelé « la chasse aux mots anecdotiques ».

» accepte comme des éloges sans réplique et ne répond au dédain des » artistes que par une fécondité sans cesse renaissante. »

En matière d'estampes plaisantes ou de caricatures, le populaire a toujours des goûts peu relevés et continue à se pâmer devant des charges exposées à tous les kiosques, enluminures grotesques, sans dessin, sans esprit ; il aime les très grosses farces, insupportables aux esprits cultivés.

C'est naturel, et il n'y a pas là de quoi s'étonner, encore moins de se fâcher, ce qui ne sert de rien. Le critique qui veut faire plus que se borner à des constatations, qui exige absolument que les choses soient faites à son idée, se prépare inutilement une vie des plus amères. Outre qu'en parlant de la gravité de son « sacerdoce » il produit un effet singulier, il empoisonne son existence, et en arrive même à des extrémités regrettables. Un exemple entre mille, et précisément au sujet de Gustave Planche.

Après avoir rendu compte du Salon de 1831, (ce Salon précisément à propos duquel il fustige Bellangé), il a connaissance de la liste des récompenses. Elle n'est point à son goût. On y voit « M. Dubufe à côté de M. Champmartin », et Mme de Mirbel n'a qu'une mention honorable. Sur ce, tout est perdu ; écoutez :

« *La plume nous tombe des mains ! Ignorance, folie et pitié ! De* » *l'indignation ou du mépris, que choisir? Pauvres arts, pauvre France !* » *Puissent la solitude et le recueillement consoler les vrais et grands* » *artistes !* »

Ces désespoirs, vus à cinquante ans de distance, sont bien comiques.

Aurait-il eu, d'ailleurs, le goût de cette chasse, que son œuvre lithographique eût dû néanmoins s'interrompre. On sait que des convenances de famille lui firent accepter la place de conservateur du musée de Rouen, qu'il occupa de 1836 à 1853. Un « demi-exil » de dix-sept ans n'est pas de nature à provoquer et entretenir la verve spéciale et de tous les instants qui caractérise le dessinateur de faits divers, l'anecdotier du crayon !

Donc, à partir de 1836, Bellangé cesse à peu près complètement de nous appartenir. Il donna bien encore quelques lithographies isolées, puis à son retour à Paris une série sur la guerre de Crimée ; mais sa grande occupation était ailleurs, et avec ses tableaux il marchait de succès en succès. Les derniers obtinrent de véritables triomphes (1).

Son œuvre lithographique comprend environ cinq cents pièces, dont le catalogue a été publié récemment par M. Jules Adeline (2). Nous empruntons à la biographie qui précède ce catalogue les descriptions de quelques pièces ; elles donne-

(1) Par exemple : *la Bataille de la Moskowa*, *le Salut d'adieu*, *les Deux Amis*, tableau qui valut à Bellangé la croix d'officier, *la Revue dans la cour du Carrousel*.

(2) *Hippolyte Bellangé et son Œuvre*, par Jules Adeline, avec eaux-fortes et fac-simile. Paris, Quantin, 1880 ; in-8. Biographie, catalogue de 506 tableaux et dessins et de 488 lithographies ; le volume contient 36 illustrations.

ront une impression juste sur l'allure d'ensemble et la portée des lithographies de Bellangé.

« Parmi les sujets drôlatiques, faut-il en citer » quelques-uns empruntés soit à ces albums qui » furent édités de 1823 jusqu'en 1835, soit à » ces feuilles volantes consacrées aux actualités?

» La note comique éclate irrésistiblement avec » ce cri : *Cré coquin, pousse donc, Dumanet...* » *j'coule.* Dumanet et son ami sont dans une » ferme; l'ami, qui a obtenu un rendez-vous » avec la fermière, se cramponne à l'appui de » la fenêtre, la fermière l'empoigne pourtant » par le collet de sa veste, Dumanet s'efforce de » le hisser et en perd même son shako...; mais » dans le lointain, apparaît le fermier armé d'un » fléau, et les suites du rendez-vous pourraient » bien devenir dangereuses pour le séducteur.

» Ailleurs, ce sont les gamins de Charlet qui » continuent leur dispute : *Toi, méchant galopin* » *de Censeur! si tu caponnes, t'auras des calottes* » *après la classe.*

» Puis c'est un bourgeois indigné qui apos- » trophe des sous-officiers de l'armée. *Moi aussi* » *j'ai servi... blanc bec!* Pourquoi aussi ce bon » bourgeois et sa femme se sont-ils aventurés » dans un cabaret, majestueux, endimanchés, » et superbes tous deux pourtant : la femme en » châle, le sac de velours au bras; le mari, en » habit et culotte courte, portant une perruque

» dont la queue s'échappe d'un collet d'une hau-
» teur prodigieuse?

» Les bourgeois ne sont pas toujours aussi » belliqueux; ils aiment parfois, tranquillement » assis à table chez eux, à faire une politesse » au pauvre monde. — *C'est du bon coin, celui-là,* » *père Copeau! — Oh! allez, not' bourgeois,* » *n' craignez rien, vous pouvez t'être sûr que* » *c' vin-là n' tombera pas dans l'oreille d'un* » *sourd... parlant par respect.* Le père Copeau » — menuisier de son état — a déposé à terre » sa casquette et sa scie. Le bourgeois, jovial et » doué d'un respectable embonpoint, s'anime » encore à vanter son vin et frappe sa bouteille » du plat de la main; la bourgeoise, grave et » digne, écoute et regarde le père Copeau débi- » tant son discours le verre en main. Une » bonne, la tête coiffée d'un foulard, une as- » siette à la main, suit encore avec plus d'atten- » tion le discours du père Copeau.

» *Dire que j'ai vu ça pas plus haut que ma* » *botte!* est encore une étude de mœurs finement » observée. *Parlés au Portié* dit l'inscription, » le « Portié » est à l'entrée de sa loge, obsé- » quieux, poli, le bonnet à la main; dans le » fond, la femme également souriante. Le vieux » couple montre avec orgueil un superbe sergent- » major de la garde, se tenant militairement au » port d'armes le tricorne à la main devant un

» monsieur — le propriétaire, — chapeau bas à
» son tour devant un si bel homme et indiquant
» par son geste qu'il a eu l'honneur de voir
» monsieur le fils du concierge pas plus haut
» que cela.

» Puis ce sont les malheureuses aventures du
» Rapin : *l'Arrivée et la Réception d'un nouveau.*
» Le modèle barbu entièrement nu, sauf ses
» bottes — ce qui fait pudiquement baisser les
» yeux au nouveau, — l'accueille révérencieu-
» sement, le chapeau à la main. Traîtreusement
» dissimulés au-dessus de la porte, des rapins
» vont arroser le nouveau à l'aide de seaux
» d'eau, etc.

» Quant à cette pièce intitulée *les Importuns*,
» à laquelle Bellangé a donné une très longue
» légende, elle semble être pour lui la repré-
» sentation de l'un des aphorismes qu'il s'était
» faits, en compagnie de Charlet, répétant vo-
» lontiers qu'il y avait *trois pestes à fuir : les*
» *bavards, les critiques et les hypocondres.*

» Dans un autre ordre de sujets, il y a de
» petites scènes militaires traitées comme des
» tableaux dans cette série de vignettes litho-
» graphiées. Tel est le *Retour de campagne.*

» Les troupes se sont engagées sous la porte
» Saint-Denis, le caporal sapeur fait faire à ses
» hommes une conversion, tandis que derrière
» les deux rangs de bonnets à poil, des gamins,

» dansant, chantant, faisant la roue, gamins » débraillés et écoliers, le carton au dos, tour» billonnent autour du superbe tambour-major.

» Il s'avance splendide dans sa grande tenue, » détachant sa haute taille du rang des tambours. » Il est le centre de la composition et ce n'est » qu'au second plan qu'apparaissent la musique, » les officiers supérieurs, caracolant à cheval et » serrant au passage la main d'un ami, et plus en » arrière brille la masse des baïonnettes, régu» lièrement inclinées. La foule acclame les sol» dats, et les fenêtres sont garnies de monde.

» Le dernier hommage de Bellangé à la mé» moire de Charlet, lithographie, est daté de » 1846; il porte en titre ces seuls mots : *Dédié* » *à Madame veuve Charlet.*

» Sur un piédestal, au centre d'un cimetière » dont les monuments funèbres et les saules » pleureurs se profilent sur le ciel, est posé le » buste de Charlet. Au-dessus d'une palette et » d'un carton de croquis un soldat de la ligne » à genoux, armé d'un maillet, sculpte à l'aide » de sa baïonnette l'inscription suivante : *A* » *Charlet, le Peuple, 30 décembre 1845.* Au » pied du monument sont déjà déposées quelques » couronnes. Leur nombre augmentera bientôt, » car de tous côtés une multitude sympathique » apporte un souvenir à l'immortel dessinateur. » C'est d'un côté un invalide, un robuste tailleur

» de pierres, un carabinier, toute une foule
» chargée de couronnes d'immortelles. De l'autre
» côté un grenadier de la garde tenant son dra-
» peau, des soldats de l'Empire et de la Répu-
» blique, un vieux curé, une sœur de Saint-
» Vincent-de-Paul rendent hommage à Charlet.
» Au premier plan, des écoliers, des jeunes filles
» lui apportent des couronnes, et près d'eux
» un ouvrier en prend encore à l'éventaire d'une
» marchande ambulante jetant elle-même un
» regard ému vers le buste de l'artiste.....

» Nous arrivons maintenant aux souvenirs de
» la guerre d'Orient.

» Les deux planches intitulées *les Zouaves*
» *pendant et après l'action* portent le même titre,
» court et concis : *Qu'est-ce qui en demande en-*
» *core? Parlez, faites-vous servir*. Dans le pre-
» mier, un superbe zouave debout désigne à la
» fois de la main gauche et son fusil et les cada-
» vres de soldats russes qui gisent près de lui.
» Dans le fond, du côté droit, la silhouette d'un
» commandant de zouaves à cheval, dominant
» un groupe de combattants; du côté opposé,
» des zouaves vus de dos enlèvent une tranchée
» à la baïonnette et bousculent les Russes. La
» figure principale est remarquablement traitée,
» et le visage énergiquement accentué dispense-
» rait la planche de sa signature.

» La seconde planche, au contraire, repré-

» sente le même zouave agenouillé près d'un
» soldat russe auquel il a donné sa gourde. Un
» autre Russe, les yeux fermés, se soulève à
» demi et se cramponne à son bras. Au second
» plan, des soldats français emportent un mourant
» sur une civière ; plus loin, des groupes d'offi-
» ciers d'état-major donnent des ordres et dans
» le lointain, entre les vallonnements des col-
» lines se perdant dans l'horizon, se déroulent
» le champ de bataille, ses tristes corvées et tout
» le lugubre aspect du lendemain de l'action.

» Les autres planches de cette série sont
» curieuses encore à plus d'un titre. Celle entre
» autres intitulée les *Revenants de Sébastopol* et
» principalement cet officier coiffé du képi, la
» capote en sautoir, le ceinturon doublé d'une
» ceinture de couleur claire, le pantalon bouffant
» dans les bottes et montant jusqu'au-dessous du
» genou. C'est le type que de Neuville devait
» rendre avec plus de désinvolture encore dans
» les illustrations qu'il semait à profusion avant
» d'être célèbre. Au second plan sont des *lignards*,
» le fusil sur l'épaule, le pantalon dans les guê-
» tres, le pan de la capote agrafé. Des couronnes
» de laurier se balancent aux baïonnettes, et un
» ouvrier vêtu d'une blouse serre avec effusion
» la main d'un soldat. »

Citons encore une pièce. Bellangé aimait le vrai soldat, il devait donc avoir la garde citoyenne en mince estime ; il a synthétisé ses opinions à cet égard dans cette caricature qui montre un supérieur donnant des ordres à un inférieur en ces termes : *Monsieur Durand, pour la troisième et dernière fois, oserai-je vous prier de vouloir bien... Portez... armes !*

La liste sommaire suivante donnera une idée suffisante de l'œuvre de Bellangé ; nous renvoyons pour plus amples détails à l'ouvrage de M. Adeline.

1. COSTUMES MILITAIRES, etc.

Il y a d'abord une suite de 8 pièces publiées chez Engelmann, in-4 : (Costumes de l'ex-garde impériale).

Puis une série publiée chez Gihaut, in-4 à claire-voie. La Bibliothèque nationale possède les nos 1 à 36 qui forment une suite, et les nos 82, 108, 113, 114 et 116. Bellangé a-t-il dessiné tous les costumes compris entre les nos 37 et 116 ? M. Adeline n'est point en mesure de trancher la question, et nous pas davantage.

On peut rattacher aux costumes militaires :

L'École du soldat, suite de 12 p., 1820.

Hussard de la Moselle, Hussard du Nord, Hussard du Bas-Rhin, 3 grandes pièces (chez Engelmann).

Une feuille contenant quatre soldats : Cuirassier, Vétéran, Mameluck et Grenadier.

Costumes russes, 20 p., 1820. (Adeline, nos 450 à 469.)

2. LITHOGRAPHIES DIVERSES.

Louis XI, irrité de la résistance du Parlement. — Expulsion des Jésuites de St-Pétersbourg. — Épisodes divers, portant le titre commun de *Galerie militaire*, 5 pièces. — Entrée des Français à Milan ; Entrée à Milan (deuxième vue) ; Entrée à Rome ; Entrée à Naples ; Entrée à Berlin ; 5 grandes pièces. — Bautzen ; Dresde ; Épisode de la guerre de Russie ; Napoléon à Waterloo ; 30 Mars 1814, siège de Paris ; très grandes pièces. (Ce sont les premières lithographies de Bellangé. Tout cela est bien mauvais, il faut le reconnaître.)

Porte-drapeau blessé, grande lithographie tout à fait dans la manière des premières pièces de Charlet.

Grenadier blessé, le bras en écharpe, plantant une branche de laurier sur un tertre.

Bivouac de grenadiers à cheval.

Avant-poste ; Halte de militaires français ; Vive le vin ; La Cantinière ; 4 p. en largeur (Engelmann).

Halte de soldats français ; Avant-poste ; 2 p. (Villain).

Hussard et soldats d'infanterie blessés ; petit in-fol. en l.

Le Billet de logement ; Le Bivouac ; 2 p. (Chez Villain). Épreuves avec croquis sur les marges, au Cabinet des Estampes.

Honneur aux armes, respect au maître, etc., brevet pour salles d'armes (Engelmann).

Le Retour du prisonnier, de Béranger.

Le Billet de logement, in-fol. en l.

Vive le vin ; Vive l'amour ; La Vivandière de Béranger ; Soldat décoré assis sous un arbre, en bonnet de police ; Soldat d'infanterie parlant à un hussard à cheval ; 5 p. in-8. (Engelmann).

Jean-Jean faisant une connaissance ; Jean-Jean devenu audacieux ; 2 p. (Engelmann).

Vieux grenadier, son fusil sous le bras ; in-8.

Le Soldat blessé ; Le Duel ; Les Grenadiers royaux ; La Drogue ; 4 petites pièces sur la même feuille (Langlumé).

Eugène Beauharnais à cheval, grande pièce.

I. s' fend, tu romps.... etc.

L'Orage, par Béranger.

Patrie, Patrie, c'est un de plus pour toi! (Lepeintre dans le rôle du *Soldat laboureur*).

Au général Foy.

Déjeunez avec le classique, et dînez avec le romantique, il y a de fort bonnes choses à manger dans les deux écoles. (Sur cette lithographie se trouve représenté Charlet.)

Chœur des vestales.... J'ai connu le malheur et j'y sais compatir. (Charlet se trouve encore représenté ici.)

Suite de quatre pièces qu'on pourrait intituler *le Jeu* : Onze heures du soir : Je fais les vingt francs. — Deux heures du matin : Prête-moi cent francs. — Quatre heures du matin : Je joue mes derniers vingt francs. — Six heures du matin : J'ai eu bien de l'agrément.

Retour au village (Langlumé).

Un diable dans les nuages, cornant aux oreilles de la Folie, petite pièce.

Lithographies publiées dans *l'Artiste* : Les Corbeaux ; Pour les frais du culte ; Le vieux Ménage ; Charges d'atelier ; La Main-Chaude ; Non, non, lui disait-elle ; Il vécut encore dix ans ; Batterie blindée, Anvers ; 1793 ; Rien n'est si beau que nos moissons.

Plusieurs lithographies dans *la Caricature*, dont une bien connue : Napoléon en Pologne (*Faut encore que vous ayez un fameux coup dans la tête pour nous mener sans pain dans des chemins comme ça*).

La Goutte ; La Gale ; 2 p. (*Album comique*).

Divers titres de romances : *Le Gentil Soldat*, de Paul de Kock, etc. (Voyez Adeline, n° 481.)

Les Jolis Soldats français, chant guerrier par Plantade ; une lith. sur la couverture et cinq pièces dont deux pour le troisième couplet. (N. B. Ce chant s'est toujours conservé avec des paroles variées, dans les écoles préparatoires et dans les écoles militaires : c'est *l'Artilleur, fidèle à sa pièce*.... La suite ne peut pas s'écrire.)

3. Pièces politiques.

Adjudication définitive de l'entreprise générale du balayage de notre bonne ville de Paris (1830).

Lecture des Ordonnances.

Formation des barricades ; Départ pour Rambouillet ; Attaque du Louvre ; 3 p. (Chez Gihaut).

Eh bien oui, charbonnier est maître chez lui ! grande pièce in-fol. (scène de barricades).

Massacre des Polonais à Elbing.

2000 Russes tués.... etc.

T'as beau rire, Toussaint, je te dis que sans les malheureux événements de 1815, il aurait remboursé les assignats. (Lithographie très rare, du Cabinet des Estampes. Elle représente encore Charlet. Elle est très caractérisque en ce qu'elle témoigne nettement de la forme particulière, fétichiste, du bonapartisme à cette époque. Bellangé reviendra encore sur cette idée du remboursement des assignats par l'Empereur (album pour 1833) ; et dans une autre lithographie il mettra en scène un paysan qui montre à son curé un portrait de Napoléon en lui disant : ***Pour moi, le voilà, le Père éternel !***)

4. Albums lithographiques.

Album pour 1823. — Frontispice : Au bureau, au bureau, prrr...enez vos billets (on voit Bellangé derrière la balustrade, à gauche, reconnaissable à ses lunettes, et devant lui, Charlet). — Le premier Bouillon de l'amour. — Non, sapeur, elle est sage. — Les extrêmes se touchent. — C'est beau, les arts. — A dada sur mon bidet. — Mamzelle est-elle engagée pour la première ? — La Douleur maternelle. — Allons, en garde ! — Avancez à l'ordre. — Caporal, venez reconnaître. — Prise d'une redoute. — Adieu frère, venge-moi. — Au fait, pourquoi que le sauvage est venu insulter ma bergère ?

Album pour 1824. — Frontispice : Entrez, messieurs et dames (on voit, dans le fond, Charlet et Bellangé dessinant sur pierre). — Ça ne mord plus, chouchoux. — Après vous la Quotidienne. — Allons, ma Sophie, du courage, montre-toi française. — La Bonne petite fille. — Ah ! trop aimable lancier. — J' n'en joue plus. — Dites donc, madame Dauphiné, la mercière d'à côté qui n'est plus avec son même.— Ah ! faut-il qu'un homme soit indiscret. — Avance donc, malin. — Mon général, c'est elle qu'a commencé à m'appeler soulard. — Dites donc, mame Dufour, la fille du tourneur qui a une pelisse, si ça ne fait pas suer ! — Tenez, mon ancien.... — Monsieur, ma fille ne danse jamais. — Dieu, pays, que vous êtes beau sous les armes.

Album pour 1825. — Frontispice : Vous avez beau faire, vous n' l'échapperez pas. — Il faut que tout le monde vive. — Mon cher, c'est cha'mant. — Monsieur, voulez-vous m'emmener ? — Aimable enfant ! — Grenadier, je ne souffrirai pas.... — N'oubliez jamais de faire danser la mère.

Album pour 1825 (?) — Ah ! jeune homme, quel état vous entreprenez là. — Que de deux sous perdus ! — Monsieur, tel que vous me voyez, j'en ai vu de dures aussi. — Le Départ des petits Savoyards. — Le Retour des petits Savoyards. — Arrestation d'une diligence par des brigands. — Ces Messieurs prennent leur café, à ce qu'il paraît. — Une victime du progrès des lumières. — Un an de mariage. — Trois ans de ménage. — Demandez plutôt à la galerie. — N' bouge pas, Polyte.

Album pour 1826. — 1. Not' bourgeois, c'est eux qui m'a arrêté pour juger le coup. — 2. Moi aussi j'ai servi, blanc-bec. — 3. Mets donc tant seulement ce petit-là avec moi... — 4. A moi, la muraille. — 5. Pardon, mon colonel, c'est qu'il a tombé de l'eau. — 6. Enfin, moi qui vous parle, si je vous disais que j'ai vu... en Égypte, des serpents à sonnettes vous avaler des caporaux comme des cornichons. — 7. Dieux! ai-je aimé c't' être-là! — 8. C'est uniquement l'espoir de quelque petite rente. — 9. La Bonne Aventure. — 10. Quand on est mort c'est pour longtemps. — 11. Le Retour de l'armée. — 12. La Poste.

Album pour 1827. — 1. Le Départ pour la grand'-messe. — 2. Oh, adorable bonne! — 3. Honneur au courage malheureux. — 4. Dire que j'ai vu ça pas plus haut que ma botte. — 5. Monsieur Durand, pour la troisième et dernière fois...... oserais-je vous prier de vouloir bien... Portez... armes! — 6. Prends donc garde de te blesser, monsieur Rafla. — 7. Que voulez-vous! voilà la vie.... etc. — 8. Les petits égards font les grandes passions. — 9. La Convalescence. — 10. Me dire que j'ai toujours préféré les lanciers. — 11. C'est un uniforme qu'est si galante, les huzards! — 12. C'est bien aimable un pompier, mais ça a des moments bien désagréables. — 13. Allons en route, les anciens. — 14. Que ce monsieur Dauphin a donc des manières qu'est bon ton! — 15. Attaque d'un village par des troupes françaises.

Album pour 1828. — 1. La bourse ou la vie! — 2. Toi, méchant galopin de censeur.... etc. — 3. Oh bon! ça ne sera pas manqué au maître.... etc. — 4. Vous avez là des parents bien estimables. — 5. Eh bien, garçon, et le bain de pied. — 6. Le Départ pour la pêche à l'éperlan. — 7. Grande réussite en cœur.... etc. — 8. Le Mendiant. — 9. Au fait, père Leroud, ça ne me regarde pas les affaires de la Grèce. — 10. Les Grecs reçoivent la nouvelle du combat de Navarin. — 11. Si tu savais, Isidore, qué baraque de maison.... — 12. 1815.

Album pour 1829. — 1. Madame, c'est mon cousin Chamboran.... etc. — 2. Pas vrai, mosieu, que la barbe de sapeur c'est pas des cheveux pour de vrai? (Épreuve avec croquis dans la marge — des grenadiers et Napoléon, — au Cabinet des Estampes). — 3. Votre nom? Adélaïde Durieu. Votre état? Femme sensible..... etc. — 4. Voulez-vous bien finir, vieux scélérat! — 5. Procession de la Ligue,

1590. — 6. Excusez, la mère. — 7. Dieu vous bénira, mon brave. — 8. Les Barricades, 12 mai 1588. — 9. N'est-ce pas, major, qu'il faut au tempérament du conscrit beaucoup de ménagements et surtout force toniques, sudorifiques, fondants et horizontals.... en bouteille ? — 10. Conclusion du conte, la bonne fée Bobosse.... etc. — 11. Souvenir de Normandie. — 12. C'est du bon coin, celui-là, père Copeau.... etc.

Album pour 1830. — 1. La Conversation (Épreuve avec croquis sur les marges, au Cabinet des Estampes). — 2. L'Embuscade. — 3. Changement de front, capitaine.... etc. — 4. Le Départ du conscrit. — 5. Au bout du compte, madame Desrosiers, on est bien bête de s'attacher à ces petits êtres-là.... etc. — 6. La Charge. — 7. Entrez, vieux cocodrille.... etc. — 8. L'intéressante et grosse Farceuse. 9. Le Dragon bon enfant. — 10. Cré coquin, pousse donc, Dumanet, j'coule. — 11. Le Passage du gué. — 12. M. Loiseau.

Album patriotique, 6 pièces relatives à la révolution de 1830. — 1. Seulement de l'eau rougie, la petite mère. — 2. Et de deux... Vive la Charte. — 3. Les scélérats, ils l'ont tué ! — 4. Oh ! cré nom, Thérèse, c'est ça un brave homme de Gouvernement qu'on peut dire qu'est pas fier, que je lui ai pris la main tout comme je te parle et qu'il m'a appelé son brave camarade. — 5. Vive la ligne ! — 6. Eh ben as-tu touché, Jean-Louis ? Ah dame j'sais pas... ma foi, j'ai tiré dans le tas.

Album pour 1831. — 1. Retour de campagne. — 2. Départ pour la ville. — 3. L'Arrivée à la garnison. — 4. Le Réfugié polonais. — 5. C'est lui ! — 6. O honnête homme ! — 7. La Fête du village. — 8. Suffit, mon capitaine, on va évacuer. — 9. Les Faucheurs polonais. — 10. Les Excuses. Car enfin, au bout du compte, en appelant votre ami polisson, gringalet, carliste, je n'ai pas voulu dire par là... au contraire. — 11. Dieu de Dieu, en a-t-il des moyens, le sergent, sur la chose de rire avec les femmes ! — 12. Les Importuns (visitant un atelier).

Album pour 1833. — 1. Marche de troupes. — 2. Le vieux Garçon... etc. — 3. Le Choléra. Pardon mon capitaine... etc. — 4. Les Clefs de la ville. — 5. La Rupture. Du tout, mamzelle Véronique.... etc. — 6. Les Affaires de Belgique.... etc. — 7. La Visite du curé. — 8. Le Retour au presbytère. — 9. L'Indifférence en matière d'opinion politique.... etc. — 10. Le Mal du pays. — 11. La Croix du chemin. — 12. La Restauration me coûte 160,000 francs, car vous pouvez t'être persuadée d'une chose, mademoiselle Potin, c'est que sans les malheureux événements de 1815 le grand homme aurait remboursé les assignats.... etc.

Album pour 1834. — Souvenirs militaires de la République, du Consulat et de l'Empire, par H. Bellangé. Sur la couverture un vieil officier invalide fumant sa pipe et regardant des gravures de batailles. — 1. Jemmapes. — 2. Passage du St-Bernard. — 3. Marengo. — 4. Arcole. — 5. Moskowa. — 6. Montereau. — 7. Vallée de Bastan. — 8. Prise de Landrecies. — 9. Retour de l'île d'Elbe. — 10. Passage du Guadarrama. — 11. Valmy. — 12. Camp de Boulogne.

Album pour 1835. — 1. Laitière des environs de Coutances. — 2. Le Grand-Papa. — 3. Aux grands maux les grands remèdes. — 4. La Halte. — 5. En masse, serrez la colonne. — 6. Napoléon. — 7. Côtes de Basse-Normandie. — 8. Tenez, voyez-vous, monsieur le curé, pour moi le v'là... l'Père éternel! (En disant ces mots, un paysan montre le portrait de Napoléon Ier). — 9. Sire, (Napoléon) c'est mes enfants et mon épouse dont elle a vu les pyramides et le fleuve du Tage. — 10. Les Français en Égypte. — 11 et 12. Une Noce en Basse-Normandie, 2 p. (Une annotation manuscrite sur les épreuves du Cabinet des Estampes, indique que c'est la noce de Jean Gihaut, éditeur, dans la plaine de Gouvelle.)

N. B. Nous donnons le classement des albums sans le garantir, d'après l'ordre où les lithographies se trouvent dans l'œuvre de la Bibliothèque nationale. Si cet ordre est exact, ce qui est plus que douteux, il resterait à déterminer le classement des pièces suivantes :

Enchanté d'avoir fait votre connaissance.

Toujours tout droit.

Le Retour au village.

L'Écurie, n° 3, 1828.

Tous veulent, en rentrant dans leur village, dire avec fierté : J'étais de l'armée triomphante d'Italie.

Coucou... ah! le voilà. 1828, n° 2.

5. Croquis.

Croquis publiés chez Gihaut : 1re série, 24 feuilles, 1828 : (militaires, paysans, sujets de toute sorte ; sur la feuille 24, Napoléon). — 2me série, 12 feuilles, 1829. — 3me série, 12 feuilles, 1830 (sur les feuilles 3 et 4, Napoléon). — 4me série, 6 feuilles (la feuille 6 est une scène des barricades 1830).

Une feuille de croquis divers, chez Gihaut.

Quatre feuilles dans le recueil des *Croquis par divers artistes*, publié par Rittner et Goupil (sur la feuille 9, Napoléon).

Divers petits croquis (soldats du temps de Louis XIII, buvant, très petite pièce à la plume, etc.).

Feuille de croquis à la plume, non signée : au milieu un hussard donnant la main à une jeune femme qui est à sa fenêtre ; au dessus, un petit sujet fort leste ; dans le haut, une femme qui ôte sa chemise ; etc., etc.

6. Lithographies publiées a Rouen.

M. Hédou, dans *La Lithographie à Rouen*, en donne la liste suivante :

L'acteur Leclère, rôle du sergent Austerlitz. — Chasseur à cheval sonnant du cor, tête de page. — Une lithographie pour la *Loterie de Monville*.

Pièces ayant paru dans la *Revue de Rouen* : L'acteur Leclère, rôle de Loupy dans *Il y a seize ans*. — La cour de l'auberge du Grand-Cerf, à Fécamp. — Amours d'artistes. — Andrieu, rôle de Guillot dans *le Philtre*. — Boïeldieu et le berger. — Le Curé des Bruyères d'Oisy. — Laitière des environs de Coutances. — L'Enfant du pauvre. — Causerie d'artistes. — Lemaire, rôle de Gauthier dans *les Mémoires du Diable*.— Le vieux Marin à la jambe de bois.— Bellangé apportant son offrande pour la loterie des victimes de la catastrophe de Monville. — Le père Salé, marchand de porcs. — Portrait de Dumée fils.

7. Dernières Lithographies.

A Charlet, le Peuple ; dédié à Mme veuve Charlet.

Le Retour de la ville, 1840.

La Catastrophe de Monville, 1846.

La Garde meurt et ne se rend pas, 1849.

Vive la République (Jemmapes); — Vive l'Empereur (Montmirail); 2 p. in-fol. en largeur, 1850.

Austerlitz, grande lithographie en largeur signée *Bellangé* (est-elle de sa main ? nous ne saurions l'affirmer).

Grandes pièces sur la guerre de Crimée, publiées chez Delarue : En Orient. — Les Gardes de la Porte. — Épisode de la guerre de Russie. — Silistrie. — Les Bords du Danube. — Le Maréchal Saint-Arnaud à la bataille de l'Alma. — Les Zouaves pendant l'action. — Les Zouaves après l'action. — Les Revenants de Sébastopol : les Zouaves de la Garde. — Idem : un Officier de la Ligne.

Croquis du Zouave pendant l'action. — Croquis du retour de Crimée, soldats de la Ligne (Cabinet des Estampes).

Feuille de croquis (Bibliothèque nationale).

Départ pour l'Orient, petite pièce.

Portrait du Colonel de La Combe, auteur du Catalogue de l'œuvre de Charlet, 1862, in-8 pour être mis en tête d'une brochure.

Planches pour modèles de dessin, chez Monrocq, 1855-62.

A ajouter : Lancier de la garde impériale, petite eau-forte. — Autre eau-forte : fragment du tableau des *Deux Amis*, le zouave assis sur la civière. — Waterloo, croquis très rare, report sur pierre.

---

8. Napoléon en Égypte, Waterloo et le Fils de l'Homme, par Barthélemy et Méry, édition de Bourdin, 1842, avec illustrations sur bois d'après H. Bellangé, un vol. grand in-8. (Ne pas confondre avec l'édition de Perrotin, 1835.)

9. Uniformes militaires de la République et de l'Empire, d'après H. Bellangé, 50 pl. (Dubochet, 1844. Voyez Brivois pour le détail.)

10. Histoire anecdotique, politique et militaire de la Garde impériale, par Marco de St-Hilaire, illustrée par H. Bellangé et autres. (Eugène Penaud, 1847), grand in-8.

BELLAY (François), 1787-1854, peintre estimé de l'école lyonnaise [1]; a gravé à l'eau-forte divers *Types*; une grande *Vue de Lyon*, d'après Boissieu, etc.

Il a aussi lithographié de grandes planches de batailles, d'après H. Vernet : *Valmy*, *Jemmapes*, etc.

BELLAY (Charles), fils du précédent, né à Paris en 1826, peintre et graveur, élève de Picot et de Henriquel-Dupont. Prix de Rome au concours de 1852; médailles aux Salons de 1866, 1868 et 1869; décoré en 1873.

Son œuvre de graveur, très intéressant, comprend aujourd'hui les estampes suivantes :

1. Figure qui a remporté le prix de Rome au concours de 1852, par Charles-Paul-Alphonse Bellay. (Chalcographie.)

---

(1) C'est M. Bellay père qui a commencé pour M. Thiers la collection de reproductions à l'aquarelle des chefs-d'œuvre des grands maîtres : collection qui a été si discutée, — non pas au point de vue du mérite de l'exécution, ces reproductions étant faites avec un soin extrême, — mais au point de vue du principe, de l'idée même qui consistait à collectionner des copies. Sous l'Empire, c'étaient des aquarelles de l'opposition : idée surprenante, idée sublime ! Sous la République, elles appartenaient au pouvoir : idée de bourgeois, idée sentant son 1830 d'une lieue. Nous laissons chacun libre d'adopter un de ces deux extrêmes, ou même de prendre le milieu. Le fait que ces aquarelles sont maintenant au Louvre ne tranche pas la question, puisque ce placement résulte non d'un choix libre, mais d'une obligation testamentaire.

2. Portrait de Masaccio. (Envoi de Rome.)

3. L'AMOUR, fragment de la Galatée de la Farnésine. 1861, in-4 en l. (Goupil.)

4-7. LES QUATRE ÉVANGÉLISTES, d'après Raphaël, Rome 1861, 4 p. in-4. (Id.)

8. DEUX ANGES DE LA VIERGE DE SAINT-SIXTE, d'après Raphaël; in-4. (Id.)

9. LES QUATRE ÉVANGILES, fragment de la Dispute du Saint-Sacrement, d'après Raphaël; in-fol. en l. (Société française de Gravure.)

10. LA PRUDENCE, LA FORCE ET LA MODÉRATION, d'après Raphaël. (Id.)

11-20. TYPES ITALIENS, dessinés et gravés à Rome : Menicuccia, Laura, Louisa, Nunziatina, Stella, Antonia, Pascuccia, Nonna, Vittoria, Rubinella; 10 p. in-4. (Goupil.)

Indépendamment de cette belle série, Ch. Bellay a gravé sur verre, à Rome, une autre suite de six types dont les épreuves ont été obtenues par la photographie.

21. LA CHARITÉ, statue du tombeau du général Lamoricière, d'après Paul Dubois, 1878; petit in-fol. (Chalcographie.)

Très belle planche, qui a pour pendant *le Courage militaire* gravé par A. Jacquet.

22. LE CHRIST A LA MONNAIE, d'après le Titien, 1885; in-4. (Société française de Gravure.)

---

23. ARMAND, architecte, d'après Cabanel; in-4.

24. Baudry, peintre : *à mon ami Paul Baudry; Ch. Bellay, 1876* ; in-4.

25. Cochin (Augustin), 1874 ; in-8.

26. Henriquel, *hommage respectueux à Madame Henriquel-Dupont; Ch. Bellay à Rome 1869* ; in-4.

27. Patin, de l'Académie française, d'après Thirion ; pointe-sèche, in-8.

28. Picot, peintre ; in-4.

29. Schnetz, *directeur de l'Académie de France à Rome* ; in-4.

30. Thiers (Adolphe), d'après Paul Delaroche, Rome 1861 ; in-4.

C'est un des plus intéressants portraits que nous ayons de M. Thiers. Il est fort rare, ainsi que les autres portraits gravés par Ch. Bellay ; ils n'ont point été mis dans le commerce.

BELLÉE (de), aquafortiste contemporain. — *Paysage normand* (*Gazette des Beaux-Arts*).

BELLEL (J.-J.), peintre, a lithographié des vues pour les *Souvenirs de voyages* d'Édouard Bertin, des paysages d'après Marilhat, des paysages d'Italie d'après ses propres compositions.

BELLENGER (Albert), né à Pont-Audemer

le 18 juin 1846, graveur sur bois, élève de Pannemaker père. Médaille au Salon de 1884.

1. Divers bois pour le *Magasine of Art*, publié en Angleterre, d'après Herkomer, Alma-Tadema, etc.

2. Illustrations d'après G. Doré pour *Londres* et pour l'*Histoire des Croisades* ; — d'après Ed. Morin pour *Monsieur, Madame et Bébé*, de G. Droz ; — d'après Vierge pour *l'Homme qui rit*, de Victor Hugo ; — d'après Em. Bayard pour les romans publiés par *l'Illustration* : (*Numa Roumestan*, de Daudet ; *Tante Aurélie*, de Theuriet ; *la Comtesse Sarah*, *la Grande Marnière*, d'Ohnet).

3. Quelques grandes planches pour *l'Illustration*, (*Merveilleuse*, de Lehmann ; *les Invalides, sortie de la messe*, de Renouard ; *l'Émigrante*, d'Outin), pour *le Monde illustré* et pour *l'Art*.

BELLENGER (GEORGES), frère du précédent, né à Rouen le 28 décembre 1847, lithographe, a reçu ses premières leçons de dessin d'Eustache Bérat, frère du chansonnier ; il s'est mis à la lithographie sous la direction de Jules Laurens. Médailles en 1873 et 1882.

1. Lithographies diverses dans *l'Artiste*. — dans *les Classiques de l'Art*, publiés sous la direction de M. Ravaisson, de l'Institut : fac-simile de dessins d'Holbein, de Léonard de Vinci, — figures de la Chapelle Sixtine, d'après Michel-Ange, etc.

2. Cinq fac-simile de dessins d'après Prud'hon : 1. Adresse de la veuve Merlen ; 2. La Pudeur ; 3. Billet de théâtre ; 4. Tête d'amour ; 5. Daphnis et Chloé. — Fac-simile de *la Marche de Silène*, dessin de Géricault. — Fac-simile de dessins de Watteau et de Boucher, etc.

3. La Leçon d'anatomie du professeur Velpeau à la Charité, d'après le tableau de Feyen-Perrin ; in-fol. en l.

BELLENGER (Clément-Edouard), frère des précédents, né à Paris le 7 novembre 1851, graveur sur bois, élève de ses frères. Médaille en 1882.

1. Bois, d'après les dessins de D. Vierge, pour *l'Homme qui rit*, *les Travailleurs de la mer*, *le Monde illustré*, l'*Histoire de France* de Michelet ; — d'après Philippoteaux pour l'*Histoire de France* d'Henri Martin ; — d'après G. Bellenger et And. Gill pour les romans de Zola : *le Ventre de Paris*, *l'Assommoir*, *Nana*, *Pot-Bouille*.

2. La Défense de Châteaudun, grand placard, d'après Philippoteaux.

3. Le Marché aux fleurs de Saint-Sulpice. Le Repos des moissonneurs, d'après Lhermitte ; — Le Port de Bordeaux, d'après Lalanne (gravures publiées à Londres).

4. Les Vendanges, de Léon Lhermitte. — Les Mois rustiques, d'après le même, 12 grandes planches données en prime par *le Monde illustré*.

5. Suite de planches d'après Léon Lhermitte : La Boucherie, l'Affûtage des outils, le Sabotier, la Forge, les Cordonniers, le Charron, etc.

6. Portrait d'Hector Berlioz.

BELLIARD (Zéphyrin), lithographe, travaillait de 1820 à 1850.

Portraits, parmi lesquels nous citerons les suivants :

Le Duc d'Angoulême, 1823.— Le général Bertrand, d'après Paul Delaroche. — Caussidière, d'après E. Giraud, 1848. — Châteaubriand. — Marquise Dalon. — Procureur général Delangle. — Tanneguy-Duchâtel. — L'abbé de Lamennais, d'après Guérin. — Louis-Philippe. — Maréchal Magnan. — Mgr. de Mazenod, évêque de Marseille, 1838. — De Montbrun, d'après Guérin.— Bonaparte, d'après une étude peinte par David (lith. Engelmann). — Statue de Napoléon par M. Seurre, inaugurée sur la colonne de la place Vendôme le 28 juillet 1833. — Le comte Héracle de Polignac, 1851.— La comtesse de Richemond, d'après Guérin ; etc., etc. — Les Plénipotentiaires du Congrès de Paris, suite de petits portraits.

Dans une série très nombreuse de portraits publiée chez Rousselin, quai Voltaire, vers 1848, et qui comprend des personnages de toutes les époques, on trouve :

Mgr. Affre. — Auber en 1825. — Barbier, bibliothécaire de Napoléon.— Béclard.— Blandin. — Boïeldieu. — Général Bréa.— Armand Carrel.— A. Cauchy.— Général Cavaignac. — Chaudet. — Cherubini. — Chomel. — Maréchal Clauzel. — Cloquet. — Marquis et marquise de Conflans.— Coriolis. — Cormenin. — Désaugiers. — Dufaure. — Général Du Moncel. — Amiral Duperré. — Maréchal Grouchy.— Paulin Guérin. — Halévy. — Lacordaire. — Lamartine. — Lamoricière. — Lariboisière. — H. Larrey. — Mme Lavalette. — Martignac. — Méneval. — Montalembert. — Montalivet. — Louis-Napoléon Bonaparte, président de la République. — Mme Adélaïde. — Les Princes d'Orléans. — Melle Rabut, de la Comédie-Française. — Général Schramm. — Scribe. —

Saint-Arnaud. — Taglioni. — Thiers. — Horace Vernet; etc., etc., etc.

BÉNASSIT (ÉMILE), dessinateur, aquafortiste et lithographe, a illustré :

1. LES HEURES PARISIENNES, par Alfred Delvau, avec 25 eaux-fortes d'Émile Bénassit. Paris, librairie centrale, boulevard des Italiens 24, (Jouaust imp.), 1866; in-12.

Les Heures parisiennes ont eu du succès, grâce aux eaux-fortes de Bénassit. Elles viennent d'avoir les honneurs de la réimpression. L'édition de 1866 est estimée, et un exemplaire sur papier de Hollande vaut aujourd'hui une soixantaine de francs.

On devine le sujet des eaux-fortes; étant donné que la journée parisienne part de trois heures du matin, le dessinateur fait successivement défiler devant nous : la tournée des chiffonniers, — les laitières s'installant sous les portes cochères, — les ouvriers se rendant aux chantiers, — la distribution des journaux, — les domestiques promenant les chevaux au Bois et les ménagères allant aux provisions, — le passage du facteur de la poste, — le déjeûner des ouvriers à la crêmerie, — l'arrivée des avocats dans la salle des Pas-Perdus, — le lever d'une jolie femme, — midi, le déjeûner au restaurant, — l'actrice allant à sa répétition, — les académiciens se rendant à l'Institut, — les bébés jouant aux Tuileries, — la promenade au boulevard, — l'absinthe et le vermouth, — six heures, le diner au restaurant, — la queue se formant à la porte des théâtres, — la partie de dominos au café, — la loge à l'Opéra, — le foyer de la danse, — la sortie de Bullier, — minuit, l'alcôve, avec un petit amour qui ferme les rideaux (cet amour a été ensuite supprimé, *par ordre* : les exemplaires estimés sont donc ceux où il se trouve), — le souper joyeux, — deux heures du matin, les noctambules, « gens de forte race intellectuelle ».

2. *Du Pont des Arts au Pont de Kehl*, par Alfred Delvau, 1866; un frontispice à l'eau-forte.

3. *Les Petites Comédies du Vice*, par Eugène Chavette (Vachette), Lacroix et Cie, éditeurs.

Une partie seulement des illustrations est de Bénassit.

4. *Les Créanciers, par Charles Monselet, œuvre de vengeance, avec une cruelle* (sic) *eau-forte d'Émile Bénassit*, plaquette in-8, 1870.

M. Monselet a eu l'idée fort drôle de faire tirer les exemplaires de luxe, *sur papier timbré!*

5. *Jean des Figues*, par Paul Arène, 1870 ; une eau-forte.

6. Lithographies diverses : Maître Courbet inaugurant l'atelier des peintres modernes. L'Absinthe ; le Vin ; l'Eau-de-vie, 1862. Barbemuche lit quelques vers. Affiche pour l'ouverture de la photographie Carjat, 56 rue Laffitte ; etc.

7. Vignettes sur bois pour *les Solutions conjugales*, d'Aug. Saulière (les eaux-fortes de ce petit volume sont d'Henry Somm), — pour les *Physionomies parisiennes*.

Ces *Physionomies*, publiées chez Le Chevalier, rue de Richelieu, en 1868, étaient de petites plaquettes dans le genre des *Physiologies* de 1840. Citons-en quelques-unes : *Floueurs et floués* (Bénassit) ; *le Journal et le Journalier* (Bertall) ; *Cocottes et petits crevés* (Grévin) ; *le Bohême*, *Commis et demoiselles de magasin* (Hadol) ; *les Industries du macadam* (Humbert) ; *Acteurs et actrices* (E. Lorsay) ; *Restaurateurs et restaurés* (Cham) ; *Artistes et rapins* (Cook) ; etc., etc.

8. Affiches et annonces : Inauguration des fêtes musicales et dansantes du Casino d'Asnières ; Culture chinoise du Eurl-Hoh-Miao-Khi, 6 fr. la boîte ; etc.

BENCE (SILVESTRE), graveur, commencement du siècle.

Vue générale de la Galerie des Chefs-d'œuvre de l'architecture des différents peuples. Cette galerie formée sur les dessins de M. Cassas est composée de 74 modèles. Se vend chez cet artiste, rue de Seine, N° 8. Bence del. et sculp.

Galerie Cassas, petites pièces in-8, gravées par Bence et Guyot j[ne].

BENJAMIN (son vrai nom était BENJAMIN **ROUBAUD**, mais il signait *Benjamin*, ou *A. B.*), lithographe et caricaturiste, né en 1811.

1. Séries de caricatures publiées chez Aubert : *les Annonces* ; *les Mauvais Locataires* ; *Vie et Aventures de M. Jobard* ; *la Contrebande aux barrières* ; *Enfantillages*.— Scènes de diverses pièces de théâtre, dessinées dans le goût le plus romantique. — Portraits-charges : Frédéric Bérat, Crémieux, Paillet, etc. (*le Miroir drôlatique*). — Lithographies diverses pour la *Revue des Peintres*, pour la *Galerie royale de Costumes*, etc.— *Grand chemin de la postérité : les hommes de lettres et les acteurs*, grandes feuilles en largeur comprenant chacune deux bandes de portraits-charges très ressemblants.

2. Eaux-fortes pour *les Truands et Enguerrand de Marigny*, de Lottin de Laval, 1832.

3. Plusieurs lithographies (non des moins violentes)

dans le journal LA CARICATURE, fondé et dirigé par Philipon (Paris, chez Aubert, au grand magasin de caricatures et nouveautés lithographiques, galerie Véro-Dodat), et dont les 251 numéros, parus du 4 novembre 1830 au 27 août 1835, forment 10 volumes in-4.

La Caricature de Philipon est un des livres les plus extraordinaires qui soient : c'est un véritable monument de verve satirique, de méchanceté... et de talent. Ces caricatures impitoyables, on ne les avait demandées qu'à des artistes hors ligne : aussi depuis, n'a-t-on jamais pu faire rien de tel. Cette guerre à coups de crayon, qu'on a appelée la guerre de *Philipon à Philippe*, fut si rude que, comme on l'a dit, il devint clair que du gouvernement ou du journal l'un des deux succomberait forcément. Le journal fut supprimé.

On ne sera donc pas étonné que *la Caricature* soit une des têtes de colonne de la bibliothèque d'un collectionneur de livres modernes. Un bel exemplaire, bien complet, en parfait état, avec les 24 planches de la *Lithographie mensuelle*, ne vaut pas aujourd'hui moins de 1,000 francs. (1).— Voyez la *Bibliographie* de M. Brivois pour la liste complète des planches. Les articles ont aussi leur intérêt : il est présentement question d'en faire faire une table générale. Notre ami Uzanne, rédacteur en chef du *Livre*, s'occupe de mettre en train cet utile répertoire.

(1) Les libraires de la province et de l'étranger sont instamment priés de se pénétrer de ce principe : à savoir, que les prix indiqués par nous, à titre d'exemples, ne s'appliquent jamais qu'aux exemplaires de condition hors ligne, tels que les veulent les bibliophiles de haute marque les plus exigeants (*état de neuf*, comme disent les catalogues de livres). Nous disons ceci pour leur éviter des désillusions, en les empêchant de « rêver » sur des exemplaires de qualité inférieure, ce qui ne leur arrive que trop souvent. Que de fois on vous offre des livres, aux prix indiqués par Brunet, ou par Cohen, ou par les catalogues de ventes publiques : vous êtes alléché, vous palpitez même, vous les faites venir, et vous vous apercevez qu'il s'agit d'exemplaires de mauvaises dates, ou piqués, ou rognés, ou faibles d'épreuves, ou incomplets, ou le tout à la fois ! Il ne reste plus qu'à les renvoyer. On a beau être cuirassé contre les émotions, ces choses-là sont toujours désagréables.

4. Galerie de la Presse, de la Littérature et des Arts, (par Philipon et L. Huart, 1839-41, trois volumes avec 147 portraits lithographiés par Alophe, Devéria, Gigoux, Célestin Nanteuil et Benjamin).

Roger de Beauvoir, Frédéric Bérat, Berthoud, Biard, Chambolle, Charlet, Dupeuty, Duvert, Granier de Cassagnac, Lausanne, Lautour-Mézeray, Michel Masson, Monpou, Félix Pyat, Raffet, Reboul, Alphonse Royer, F. Soulié, Viardot, Viennet.

Bardou, Bocage, Ferville, Hyacinthe, Lafont, Lepeintre aîné, Lepeintre jeune, Ligier, Lokroy, Marié, Mario, Massol, Milon, Odry, Ravel, Régnier.

Mlles Brohan, Fargueil, Rossi, Mme Thénard, Anna Thillon.

5. Panthéon charivarique, série de portraits-charges publiés par *le Charivari*; in-4.

Dessinateurs : Benjamin (Roubaud), dessinant sur les murs du Panthéon charivarique; Daumier, Gavarni, Grandville, Philipon, Traviès.

Hommes de lettres, *Poètes* : Altaroche, Ét. Arago, Balzac, R. de Beauvoir, Berthaud, G. de Cassagnac, G. Cavaignac, A. Cler, C. Delavigne, Delord, L. Desnoyers, Th. Gautier, Gozlan, Guinot, L. Huart, V. Hugo, J. Janin, A. Karr, P. de Kock, Laurent-Jan, Hipp. Lucas, Marco de Saint-Hilaire, Marrast, Masson, Nodier, Old Nick, Planche, Rolle, Alb. Second, Soulié, E. Sue, Thoré, Viardot.

Auteurs dramatiques : Arnould, A. Dumas, Dumersan, Duvert, Lausanne, Mélesville, Félix Pyat, Rosier, Scribe, Varin.

Peintres : Biard, Decamps, Delacroix, Delaroche, Gigoux, Ingres, Roqueplan, H. Vernet, Ziégler.

Sculpteurs : Barre, Barye, Dantan, David d'Angers, Gayard.

Musiciens : Ad. Adam, Auber, Berlioz, Donizetti, Julien, Monpou, Panseron, Rossini.

Acteurs : Achard, Arnal, Bardou, Baroilhet, Beauvallet, Bocage, Bouffé, Brunet, Duprez, Ferville, Frédérick, Geffroy, Hyacinthe, Lablache, Lafont de l'Opéra, Lepeintre aîné, Lepeintre jeune, Levasseur, Levassor, Ligier, Mario, Monrose, Odry, Poultier, Ravel, Rubini, Tamburini, Alc. Tousez, Vernet.

Ce sont des charges, mais non des caricatures : en accusant fortement l'allure particulière du personnage, elles le représentent souvent plus exactement que des portraits. Y a-t-il rien de plus vrai, par exemple, que Berlioz, désigné ici sous le nom de *l'auteur de Malvenuto Cellini*, par allusion à la chute retentissante de son *Benvenuto* ; Marco de Saint-Hilaire, chantant une sérénade devant une statuette de Napoléon juchée sur une pile de « blagues sentimentales » ; Victor Hugo, superbe, assis sur ses poèmes, accoudé aux tours de Notre-Dame, les pieds sur les théâtres et sur l'Académie ; et Gavarni, d'un dandysme extraordinaire, que nul portrait n'a si bien rendu, (si ce n'est celui qu'ont écrit MM. de Goncourt) ?

Après avoir paru dans le *Charivari*, le *Panthéon charivarique* a été publié en un volume de 100 lithographies.

BENOIST (Mme), 1768-1826, gravait au pointillé divers petits sujets de commerce courant : *les Saisons*, *les Mois*, *Alliance du Duc de Berry et de la princesse Caroline*, etc., etc.

BENOIST (J.-L.), qui signe *Benoist jeune*, a gravé dans les dernières années du XVIIIe siècle quelques petits portraits de généraux de la République, au pointillé de couleur. Ce qu'il a produit pendant l'Empire et la Restauration est au dessous de tout.

Petits portraits au pointillé, *Napoléon*, *Marie-Louise*, *le Roi* et *la Reine de Prusse*, *Louis XVIII*, *Wellington*, *Blücher*, *le Duc et la Duchesse d'Angoulême*, *Imbault*, de la société des Enfants d'Apollon, *Mme de Douhault*, *Manuel*, *Benjamin Constant*, etc., etc.

Méditation dans l'Isle d'Elbe, petite pièce.

Anagramme : (*Marie-Louise Impératrice des Français, Reine d'Italie. Sa Majesté J. R. a entrepris écrirai-je, la félicité du monde*), in-fol.

Le Duc d'Angoulême visitant une caserne (*extrait du journal des Débats, 29 janvier 1816*).

BENOIST (PH.), lithographe.

Très nombreuses lithographies, *Vues de Paris* (plusieurs suites), *Fontainebleau* (par Benoist et Jacottet), *l'Italie monumentale et artistique*, *Vues d'Espagne*, *du Brésil*, *Monuments du Moyen-Age*, etc., etc.

Lithographies sur la guerre de Crimée : *l'Alma*, *Inkermann*, *Départ de Paris de la Reine d'Angleterre le 27 août 1855*, etc.

Adresse de la *Papeterie Maquet, 20, rue de la Paix*, 1843.

BENOIST (Félix), lithographe contemporain.

1. *Nantes et la Loire-Inférieure* (Nantes, Charpentier père et fils, 1850), vues dessinées par F. Benoist et lithographiées par lui-même, et par divers.

2. *La Normandie illustrée*, par F. Benoist et H. Lalaisse (Nantes, Charpentier), deux volumes de vues lithographiées par Ph. et F. Benoist, Bachelier, Gaildreau, Deroy, Ciceri, Rouargue, Tirpenne, etc.

BENOUVILLE (François-Léon), peintre, né en 1821. — *Adam et Ève chassés du Paradis terrestre*, concours de 1841, Benouville pinx. et sc. (*l'Artiste*). C'est peu de chose.

BÉRA (Armand-Joseph), 1784-1836, élève de Regnault, lithographe.

L'Impératrice Joséphine, profil.

Madame Paradol.

BÉRAT (Eustache), frère du chansonnier, a publié dès 1824 des lithographies : plusieurs ont paru dans la *Revue de Rouen*.

BÉRANGER (ANTOINE), né en 1785, attaché à la manufacture de Sèvres, lithographe. Nous relevons à son nom dans les catalogues de vente :

Tête de Turc. — *Le Premier sentiment du dessin.* — *L'Embarcation fragile.* — *Le Repos.* — *Le Chagrin.*

BÉRAUD (JEAN), qui a eu l'heureuse audace de se faire le peintre des scènes de notre vie courante, n'a pas gravé, — si ce n'est peut-être quelques essais qu'il a effacés, — mais il a, dit-on, l'intention de faire de l'eau-forte. Nous souhaitons qu'il en soit ainsi : comme il prendra ses sujets dans le Paris contemporain ; comme ses planches, indépendamment de leur exécution matérielle, seront spirituelles, plaisamment observées, *vécues*, comme on dit aujourd'hui, et amusantes, le succès nous paraît certain dans le présent, et plus encore auprès des collectionneurs de l'avenir (1).

Jean Béraud a dessiné plusieurs titres pour des romans contemporains : *la Vieille-Garde* et *la*

(1) De même, l'éditeur qui aurait la bonne inspiration de demander à Jean Béraud des illustrations pour quelque joli volume d'études de mœurs parisiennes, de les faire graver avec soin (la gravure sur bois se prêterait peut-être mieux que l'eau-forte à l'interprétation de ce peintre), et ajoutons, de faire tirer ces gravures avec non moins de soin, serait sûr d'avoir bien mérité de bibliophiles.

Un courant semble actuellement se dessiner, qui porte vers la publication illustrée de livres écrits par nos contemporains, et sur les choses de notre temps. On cesserait de toujours publier, republier et republier encore un

Jeune-Garde, par Vast-Ricouard, 1882 (les siècles à venir devront savoir que ces titres ne visent point les soldats de Napoléon; ce sont des appellations cavalières par lesquelles nous distinguons aujourd'hui les cocottes en âge de prendre leur retraite, de celles qui débutent dans l'activité); *les Malheurs du commandant Laripète, les Farces de mon ami Jacques* et *les Bêtises de mon oncle*, par Armand Silvestre; pour *l'Art de dire le monologue*, par les deux Coquelin; pour les *Annales de l'Association amicale des anciens élèves du Lycée Condorcet*, 1884; tous livres publiés par l'éditeur Ollendorf.

---

certain nombre de « chefs-d'œuvre de l'esprit humain », admirables, mais vraiment trop connus et ressassés (au point de vue bibliophile, s'entend). Dieu nous garde de médire des chefs-d'œuvre de notre littérature des XVIIe et XVIIIe siècles. Mais nous ne devons pas nous momifier dans leur réédition exclusive. Du nouveau! toujours du nouveau! de nouvelles formules de livres, telle doit être la devise des éditeurs. Surtout ne cherchons pas à copier ce qui a été fait autrefois; les livres chefs-d'œuvre ne se refont pas, pas plus le ***Paul et Virginie*** de Curmer que ***les Baisers*** de Dorat, pas plus les ***Chansons de La Borde*** que ***Poliphile***. Inventons. Donnons carrière à l'activité de nos dessinateurs et de nos peintres de genre en leur demandant ce qu'ils se sentent portés à faire, et n'étouffons pas leur originalité en les astreignant à des restitutions d'un passé qu'ils ne peuvent nous donner qu'à peu près. Les incomparables illustrateurs du XVIIIe siècle furent de leur temps, soyons du nôtre.

Et surtout, si les éditeurs veulent nous en croire, pas de publications formant des séries ou des collections, car les malheureux clients qui s'embarquent dans des souscriptions de ce genre ne savent plus comment s'en dépêtrer.

Chaque ouvrage sur un modèle différent, c'est bien mieux! C'est multiplier les chances de trouver une formule de livre inédite et satisfaisante. Et ce n'est pas une mince affaire! Il est plus facile de faire douze douzaines de sonnets sans défaut qu'un livre illustré ne donnant prise à aucune critique.

C'est un art bien de notre époque que celui de parer un livre au moyen de sa couverture afin de le rendre alléchant. Il se dépense là beaucoup de talent original. Nous reviendrons en plus d'une occasion sur ce sujet.

BERGERET (Pierre-Nolasque), né à Bordeaux en 1782, peintre, graveur et lithographe.

Le Blanc catalogue à son nom : *Le bon Samaritain*, in-8 ; — *La Fuite en Égypte*, in-4 ; — *La Vierge et l'Enfant Jésus* d'après Raphaël, in-4 ; — *Allégorie*, un homme endormi et défendu par un chien contre un aigle et un serpent, in-fol., tiré à 4 épreuves ; — *Philippo Lippi esclave fait le portrait de son maître qui en récompense lui donne sa liberté*, in-4 ; — son portrait, *P. N. Bergeret*, d'après Claire Bergeret, 1828, in-4 ; — *Benvenuto Cellini*, d'après le Bronzino ;— *Andrea Vannuchi*. — *Médaille*.

La Chalcographie possède de lui une planche, reproduction d'un dessin du Poussin : *l'Extrême-Onction*.

Il fut un des premiers à pratiquer en France la lithographie : la petite pièce suivante est, au point de vue de l'histoire de ce procédé, intéressante à noter comme date : un *Mercure*, in-8 rond, *par Brevet d'invention, imprimerie lithographique, Bergeret fec. 1804 rue St Sébastien n° 24 : l'entrepreneur de cette imprimerie déjà connue avantageusement offre au public le fruit de son étude particulière à perfectionner une découverte.....* etc., *à Paris le 1er frimaire an 12.*

Autres lithographies : illustrations pour *l'Album : Napoléon*; *Voltaire*; *Louis XVIII* (chez Lasteyrie, 1816); *Artilleur pointant une pièce*; *Incroyable lorgnant*; diverses copies de dessins de maîtres, très faiblement venues; etc.

Les collectionneurs qui illustrent des livres placent dans les *Fables de La Fontaine* une série de douze vignettes dessinées par Bergeret, et gravées par divers artistes, vers 1817. Nous n'irons pas jusqu'à dire que notre homme est pendable pour les avoir faites, mais à parler franc, elles sont bien mauvaises. Après tout, peut-être faudrait-il voir les dessins originaux : il est possible que la gravure en ait exagéré les défauts, ce qui n'est arrivé et n'arrive encore que trop souvent.

Bergeret a dessiné quelques planches (reproduction des peintures du Primatice à Fontainebleau) dans l'ouvrage intitulé *Paris et ses Monuments, mesurés, dessinés et gravés par Baltard, architecte, avec des descriptions historiques par le citoyen Amaury-Duval.* (1)

(1) Les 114 planches de *Paris et ses Monuments* appartiennent à la Chalcographie. L'ouvrage forme un volume grand in-fol. Il y a 13 planches sur le palais de l'Institut, 44 sur le Louvre, 17 sur le château d'Écouen, 22 sur le château de Fontainebleau, 13 sur le château de Saint-Cloud. Elles

BERLIER. — Un des graveurs en taille-douce qui ont exécuté des vignettes pour *la Peau de chagrin*, de Balzac, édition Lecou, 1838.

BERNARD (A.). — *Ornements de la Renaissance, gravés à l'eau-forte*, plusieurs cahiers, vers 1835.

BERNARD, graveur sur bois. Citons parmi les livres où figure son nom :

Histoire populaire, anecdotique et pittoresque de Napoléon, par Marco de Saint-Hilaire, illustrée par Jules David, grand in-8, 1843.

Les Étrangers à Paris, texte par divers, illustrations par Gavarni et autres, grand in-8, 1845. (Warée éd.)

---

sont gravées par Baltard, pesamment et sans charme : néanmoins l'ouvrage est intéressant comme ensemble.

Nous avons cité, à l'article *Baltard*, le jugement très sévère de Renouvier sur ce graveur. Renouvier, qui avait des opinions politiques bien décidées, de très bonne foi et en toute sincérité, a dû être agacé par le style de la dédicace gravée de *Paris et ses Monuments* :

A Napoléon Bonaparte. — Nouveau Périclès, il agrandit sa Patrie, encouragea les Sciences, éleva des Monuments. — Les Guerriers le nomment Alexandre; les Philosophes, Marc-Aurèle; les Artistes, Médicis; tout le Peuple, le Génie tutélaire de la France. — Baltard, architecte et graveur, dédie à l'Homme immortel un Recueil d'immortels Ouvrages.— Ce tribut d'admiration Lui fut offert la IIIe année de son Consulat par l'Artiste reconnaissant.

Ultérieurement, Baltard grava un autre recueil important : la *Colonne de la Grande-Armée*, en 146 planches. (A la Chalcographie.)

Prospectus pour l'*Histoire pittoresque de la Franc-Maçonnerie*, par Clavel, 1843. (1)

BERNE-BELLECOUR, peintre, a gravé vers 1873 *le Repos du modèle* (33 cent. sur 25); son ami Jules Jacquemart faisait en même temps la même eau-forte, d'après le même modèle.

Puis, dans le même format : *Japonaise au bord de la mer*, *Chasse à l'ours*, et enfin un chasseur à cheval regardant des fleurs, sous ce titre : *le Sentimental.*

BERNIER, aqua-fortiste contemporain.

Étang de Quimer'ch. La Lande de Kerlagadic. L'Automne. Une Ferme en Bannalec. Sabotiers dans le bois de Quimer'ch, (*Gazette des Beaux-Arts*).

BERRY (LA DUCHESSE DE), élève de Desenne.

Deux *Vues du Château de Rosny*, Marie-Caroline fecit 1823. Imprimé par Villain, lith. de S. A. R.

---

(1) Il y a un Bernard graveur sur acier (*Notre-Dame de Paris* de Perrotin), et un Bernard calligraphe, qui a fait de nombreux portraits en paraphes (ce genre d'exercice se pratiquait surtout à la fin du XVIIIe siècle), notamment celui de *Bonaparte, premier Consul*, Legendre sc.

BERTALL (ALBERT D'ARNOUX, qui, sur le conseil de Balzac, signa de l'anagramme), né à Paris en 1820, mort en 1882. Comme pièces de sa main [1], nous indiquerons :

Les affiches de *Paris dans l'Eau*, 1844, de *Paris à Table*, des *Guêpes illustrées*, des *Guêpes au Salon*, des *Aventures de Tom Pouce*, du *Prince Chènevis*, du *Casse-noisette*, du *Paul et Virginie* de 1845, de divers *Almanachs* (*Almanach astrologique*, *Almanach prophétique*, etc.); et des placards lithographiés à la plume, publiés chez Aubert vers 1848.

Il nous est impossible de fixer le nombre des dessins publiés par cet artiste très original et spirituel sans méchanceté; un de ces hommes précieux qui ont eu le rare privilège de distraire et d'amuser leurs contemporains, ce dont il faut leur être bien reconnaissant; il y en a tant qui les ennuient!

C'est par milliers que Bertall a donné des dessins humoristiques d'actualités, des revues comiques du mois à *l'Illustration*, au *Journal pour*

---

(1) Presque tous les livres illustrés publiés à cette époque étaient annoncés par une affiche lithographiée.

Ces affiches reproduisent généralement une des vignettes ou la couverture du livre.

Sont-elles lithographiées de la main même de l'illustrateur? Ce n'est pas bien certain. Le plus souvent elles semblent être des copies faites par des lithographes de métier.

Quoi qu'il en soit, nous les indiquons aux noms des illustrateurs.

Rire, à *la Semaine*, au *Grelot*. Il y faisait assidûment les *Salons* en charge : c'est une façon de critique comme une autre, quand c'est bien fait. Cela saute aux yeux et économise les grandes phrases et le défilé des théories. C'est par centaines aussi qu'il a semé des vignettes dans les éditions à deux colonnes des romans de *Cooper*, de *Paul de Kock*, d'*Alph. Karr*, etc., etc., publiées par Barba.

Bertall a illustré, à lui seul ou en collaboration, un certain nombre d'ouvrages qu'un bibliophile doit connaître :

1. Les Omnibus, pérégrinations burlesques à travers tous chemins, par MM. Bertall et Léfix, 1844, in-8. (Peu commun et assez recherché. Vaut aujourd'hui environ 30 fr.)

2. *Les Bagnes*, par Maurice Alhoy, 1845, in-8 (illustrations par Bertall et autres).

3. *Les Prisons de Paris*, par Maurice Alhoy et Louis Lurine, 1846, in-8 (illustrations par Bertall et autres).

4. Petites Misères de la vie conjugale, par Balzac, 1845, in-8. (Très estimé. De 60 à 100 francs.)

5. Le Diable a Paris, 1845-1846. (Toute la partie dite *Paris Comique*, et diverses vignettes dans le texte.)

6. *Paris dans l'eau*, par Eugène Briffault, 1844,

in-8. — *Paris à table*, par Eugène Briffault, 1846, in-8.

Ces deux petits volumes font série avec *Paris au bal*, illustré par Cham, et *Paris marié*, illustré par Gavarni.

7. *Paul et Virginie*, édition de Gustave Havard, 1845, avec 100 vignettes, in-8.

8. *Nouvelles et seules véritables aventures de Tom Pouce*, par Stahl (Hetzel), 1844, in-8.

9. *La Bouillie de la comtesse Berthe*, par Alexandre Dumas, 1845, (Hetzel), in-8.— *Histoire d'un Casse-noisette*, par Alexandre Dumas, 1845, (Hetzel), in-8.

10. *Aventures du prince Chènevis*, par Léon Gozlan, 1846, (Hetzel), in-8.

11. *Vie de Polichinelle*, par Octave Feuillet, 1846, (Hetzel), in-8. (1)

---

(1) Comme il est difficile de prévoir la destinée des livres ! Voilà cinq petits ouvrages (n°s 8 à 11) publiés pour être mis dans la main des enfants. L'éditeur les fait avec soin : moins de quarante ans après, ils ont pris place dans les bibliothèques d'amateurs. A côté de cela, des livres qualifiés éditions de bibliophiles tombent à plat !

On s'étonnera de voir que des productions toutes récentes soient déjà *classées* et passées à l'état d'objets de curiosité. Cela tient à la progression du nombre des collectionneurs. A Paris, tout le monde collectionne. Au collectionneur, il faut absolument une matière collectionnable. Les livres anciens étant épuisés, on se précipite sur ceux du XVIIIe siècle ; en cinq ou six ans, le vide est fait sur l'article. On se lance sur ceux du XIXe, on en étudie les particularités ; ceux-ci engloutis, on s'arrache les éditions de luxe des livres publiés actuellement. Et après ? Après, soyez sûr que l'on trouvera quelque chose. A chaque étage de chaque maison de Paris il faut qu'il y ait une collection, ou un embryon de collection, ou tout au moins quelque objet d'art isolé. Il y a soixante-quinze ans que Blücher a exprimé cette vérité avec la forme aimable qui caractérise ses concitoyens, lorsque la vue de Paris ne lui arrachait que cette exclamation, où perce « l'honnête bonhomie » prussienne : ***Quel beau pillage !***

12. *Le Monde tel qu'il sera*, par Émile Souvestre (illustrations par Bertall, Penguilly, St-Germain), 1846, in-8. (60 à 80 francs.)

13. *Cahier des charges des Chemins de fer, pamphlet illustré par Bertall*, (Hetzel), 1847, in-8. (Recherché, 30 francs.)

14. *Les Guêpes*, d'Alphonse Karr. — *Les Guêpes à la Bourse.*

15. CONTES DE NOS PÈRES, par Paul Féval, (Chlendowski), 1845, in-8.

16. ŒUVRES COMPLÈTES DE BALZAC, édition Dubochet, 1842-1855, en 20 vol. in-8 (illustrations par Bertall et autres).

Un bel exemplaire de ce Balzac, en état irréprochable, est très difficile à rencontrer, et se paie aujourd'hui 4 ou 500 francs. C'est un des ouvrages les plus importants d'une bibliothèque de livres modernes. (Bibliographie détaillée dans Brivois.)

17. *Physiologie du Goût*, par Brillat-Savarin (G. de Gonet), 1848, in-8. (50 à 80 francs.)

18. LA REVUE COMIQUE, *à l'usage des gens sérieux* (texte par Lireux, Caraguel, etc., illustrations par Bertall, Nadar, etc., gravées principalement par Baulant), 1848-1849, 2 vol. in-4. (80 à 100 fr.)

Publication curieuse. Elle faisait une guerre acharnée à Louis-Napoléon, qu'elle criblait de caricatures.

19. *Contes de Perrault*, (Hetzel), 1851 (illustrations par Bertall et autres).

20. *Les Hôtels historiques de Paris*, par Georges Bonnefond, 1852, in-8 (illustrations par Bertall et autres).

21. *Fables-proverbes de Berlot-Chapuit*, 1858, in-8, (illustrations de Bertall, Rosa Bonheur, Gavarni, Jules David, Daubigny, Philippe Rousseau).

22. TYPES DE LA COMMUNE, 1871, chez Gottschalk, 40 p. coloriées. — « Le dessinateur a voulu, dit-il, donner l'idée du goût effréné des hommes de la Commune pour les écharpes, les galons, les panaches, la mise en scène insensée. »

Vignette de titre, Paris pleurant.

1. Bergeret « lui-même ». — 2. État-major. — 3. Fédérés. — 4. Citoyenne quêteuse. — 5. Raoul Rigault. — 6. Delescluze. — 7. Une loge au *Canard à trois becs*. — 8. Délégué du café de Madrid. — 9. Jules Vallès. — 10. La Cécilia. — 11. Protot et M. Rousse. — 12. Retour du bastion. — 13. Colonel. — 14. Zouave. — 15. Une Recrue. — 16. Directeur du télégraphe. — 17. Une Citoyenne. — 18. Assi. — 19. Club à l'église. — 20. Pétroleuse. — 21. Un Citoyen délégué. — 22. Cantinière. — 23. Commandant et Ingénieur des barricades. — 24. Orateur de boulevard. — 25. Commissaire de police. — 26. Garibaldien. — 27. Perquisition dans une imprimerie. — 28. La Colonelle. — 29. Garde particulier de Raoul Rigault. — 30. En route pour Versailles. — 31. Ferré et les exécuteurs. — 32. Mobile de 1848. — 33. Un Citoyen moldo-valaque. — 34. Un Pointeur. — 35. Le Commandant Durassier. — 36. Marin pétroleur. — 37. La Barricade. — 38. Enfants perdus. — 39. Vengeurs de Flourens. — 40. Peloton d'arrestation.

23. LA COMÉDIE DE NOTRE TEMPS, en trois volumes grand in-8 : 1. *Civilité, habitudes*, 1871. — 2. *Les Enfants, les Jeunes*, 1875. — 3. *La Vie hors de chez soi*, 1878.

24. LA VIGNE, grand in-8.

BERTHAULT (PIERRE-GABRIEL), 1748-1819. — Ce graveur appartient à peu près entièrement au

XVIIIe siècle : (il a pris une part considérable à l'exécution d'ouvrages importants : *Œuvre de Renson*, *Voyage à Naples* de Saint-Non, *Tableaux de la Révolution*, etc., etc.)

Berthault fut chef de l'atelier de gravure pour le grand ouvrage de la *Description de l'Égypte*, recueil des observations faites pendant l'expédition de l'armée française [1].

La Fête de la bonne mère, telle qu'elle a été donnée à Louise Pérignon par ses enfants dans son jardin d'Auteuil, le 27 août 1800, au milieu de leurs parents. Offert par Mme Bélanger, d'après Bourgeois (pièce in-fol. au lavis, citée par Renouvier. Ne pourrait-elle pas être attribuée au graveur suivant ?)

BERTHAULT (Louis), 1783-1823, architecte et graveur à l'aquatinte. — *Suite de vingt-quatre Vues de Jardins anglais exécutés par Berthault architecte de S. M. l'Empereur et Roi*, chez Basset.

BERTHAULT, peintre et graveur à l'eau-forte,

(1) Les 907 planches de la *Description de l'Égypte* appartiennent à la Chalcographie. Elles sont gravées par Berthault, Baltard, Girardet, Ruhierre, Coquet, Leisnier, Allais, Desmarets, Coupé, Charlin, Bigant, Lorieux, Phelippeaux, Benoît, Collin, Monsaldy, Boutelou, Prot, Testard, Schrœder, Colibert, Liénard, Tassaert, Bovinet, Beaugean, Hulk, Dequevauviller, Ransonnette, Macret, etc., etc.

amateur, élève de J.-V. Bertin, mort en 1850. — *Paysages* et *Vues des environs de Paris*, 10 p.

BERTHELEMY (E.). — *Naufrage de l'« Evening Star », 22 octobre 1866.*

BERTIN (Jean-Victor), né en 1767, élève de Valenciennes. — Quelques lithographies.

BERTIN (Édouard), 1797-1871, peintre, fils du fondateur du *Journal des Débats*, et qui en fut lui-même directeur.

Souvenirs de voyages, compositions pittoresques par Édouard Bertin, texte par Janet Lange; les lithographies, sur l'Italie, la Grèce, la Turquie, l'Égypte, sont exécutées par Édouard Bertin, J. Bellel, et en majeure partie par Jules Laurens.

BERTINOT (Gustave), né à Louviers le 23 juin 1822, élève de Droling et Martinet, prix de Rome en 1850 (son *Académie d'homme*, morceau de concours, est déposée à la Chalcographie, ainsi que cela se pratique pour les planches de ce genre). Médailles en 1861 et 1865, première médaille en 1867, décoré la même année, membre de l'Institut le 9 février 1878 en remplacement de

Martinet. Très bel œuvre de buriniste, comprenant des pièces de premier ordre.

1. Clément IX, d'après Velasquez, 1853, in-4. (Envoi de Rome.)

2. AMOUR FRATERNEL, d'après Bouguereau, 1857, in-4. (Goupil.)

3. Hérodiade, d'après Luini, 1858, in-4. (Chalcographie.)

4. Le Réveil (Italienne et son enfant), d'après Jalabert, 1860, in-4. (Goupil.)

5. Le Billet (femme au bouquet), d'après Toulmouche, 1862, in-4. (Goupil.)

6. VAN DYCK, d'après lui-même, 1862, petit in-fol. (Chalcographie.)

7. LA VIERGE AUX DONATEURS, d'après Van Dyck, 1863, in-fol. (Chalcographie.)

Une des très belles estampes modernes.

8. Peinture de Signol pour la chapelle des catéchismes à Saint-Eustache (Jésus bénissant les enfants), 1866, petit in-fol. (Pour la Ville de Paris.)

9. MARGUERITE AUX BIJOUX, d'après Merle, 1867, in-4. (Durand-Ruel.)

10. LE CHRIST SUCCOMBANT SOUS LA CROIX, d'après Eustache Lesueur; petit in-fol. en l., 1869. (Société française de Gravure.)

11. Pénélope (jeune femme travaillant à l'aiguille), d'après Marchal, 1869, in-4. (Dusacq.)

Le pendant, *Phryné*, a été gravé par Huot.

12. Pastorale, d'après Bouguereau, 1870, in-fol. en l. (Goupil.)

13. Le Sommeil (jeune mère et son enfant endormi), d'après Bouguereau, 1872. (Goupil.)

14. LA BELLE JARDINIÈRE, d'après Raphaël, 1874, petit in-fol. (Goupil.)

15. Christ en croix, d'après Philippe de Champaigne, 1881, in-fol. (Chalcographie.)

16. LA VIERGE, L'ENFANT JÉSUS ET SAINT JEAN, d'après Bouguereau, 1879, petit in-fol. (Goupil.)

17. LES DISCIPLES D'EMMAÜS, d'après le Titien, 1883, grand in-4 en l. (Société française de Gravure.)

18. Les Bergers (plafond de l'Opéra), d'après Baudry, 1884. (Pour l'État.)

19. Thisbé (travail en cours).

---

20. Jules Favre, d'après Lefebvre, 1866, grand in-8.

21. Ernest Picard.

22. Amussat, ingénieur, in-8.

23. Brascassat, d'après lui-même, in-8. Sans encadrement.

24. DARBOY (Mgr.), d'après Lehman, 1873, in-4. (Société française de Gravure.)

25. Labbé (L'abbé), in-4.

26. Alliaume (L'abbé), in-4.

27. Maniel, ingénieur, 1875, in-4.

28. SAINT-HILAIRE (La Marquise de), in-4. Encadrement dans le style XVIIe siècle.

29. MARTINET, graveur, membre de l'Institut, in-4.

30. Pepita Gassier, petit in-4.

31. Cherubini (travail en cours).

BERTONNIER, né à Paris en 1791, gravait surtout le petit portrait destiné à servir de frontispice de livres.

Le Blanc a donné un catalogue de 141 pièces de lui.

1. Portraits de personnages modernes, in-8, in-12 ou in-18 : Mme Ardan du Pic, petit profil in-18, Arnaud, Azaïs, Ballouhey, Barras, Beccard, Béranger, Bertin, Mme Boulanger, Melle Bourgoin, Broussais, Melle Cinti, Mme Cottin, Cuvier, Dr Dubois, A. Duval, l'acteur Firmin, Mme de Fumel, religieuse, Huard, Kosciusko, La Chabeaussière, l'acteur Lafond, Labreille, Général Lefèvre, Legouvé, Louis XVIII, Lullin, Malfilâtre, Marie-Christine, d'après Winterhalter, exposée en 1847, Melle Mars, Sœur Marthe, l'acteur Martin, l'abbé Mérault, Napoléon, maréchal Ney, Orfila, Pigault-Lebrun, Ponchard, Richter, le Roi de Rome, Rossini, B. de Saint-Pierre, le Comte de Ségur, Mme de Staël, Talma, Volney.

2. Personnages anciens, format in-8 : Bachaumont

et Chapelle, Bossuet, Bourdaloue, in-8 carré, Bourdaloue, in-8 avec une tablette, Cervantes, P. Charron, P. Corneille (un des meilleurs portraits de l'œuvre), Th. Corneille, Crébillon, Descartes, Diderot, La Fontaine, La Rochefoucauld, Marivaux, Molière, Necker, Piron, Quinault, Racine, Rollin, Pierre Ier, Vauban, Voltaire, etc.

Plusieurs de ces portraits ont été exécutés pour une série d'auteurs dramatiques et d'acteurs, dite *Collection Dabo*, que connaissent bien tous ces amateurs qui ont sacrifié à la manie de fabriquer des livres à portraits. Vignères avait un grand approvisionnement de ces portraits à leur usage.

3. Idem, format in-12 : Bailly, l'abbé Barthélemy, Bossuet, Buffon, Charles-Édouard, Choiseul, Corneille, Th. Corneille, Crébillon, Danton, Dumouriez, Fénelon, Franklin, La Fontaine, La Harpe, Molière, Montaigne, Racine, Mme de Sévigné, Vergniaud, Washington, etc. — Divers portraits pour les *Galeries historiques de Versailles*.

4. Idem, format in-18 (de 6 cent. environ) : Catherine II, Cervantes, Corneille, Th. Corneille, Dante, Mme Dubarry, le Duc d'Enghieu, le Prince Eugène, Napoléon, Joséphine, La Fontaine, Milton, Paoli, Rabelais, Racine, J.-B. Rousseau, etc.

La plupart de ces portraits ont paru dans une série iconographique ; ils occupaient chacun le milieu d'une page de texte explicatif.

5. Portraits exécutés pour les ORAISONS FUNÈBRES (édition de Janet, 1826, portraits et vignettes par divers : les vignettes sont mauvaises, mais le texte est beau, et les exemplaires en grand papier de cet ouvrage sont recherchés) : Marie-Thérèse d'Autriche, Henriette de France, le Duc de Bourgogne,

Bourdaloue, Massillon, Fléchier, Anne de Gonzague, Marie-Antoinette, le Duc de Berry.

Bertonnier a risqué quelques estampes : *Il est sauvé*, d'après Genod, in-fol., et même une *Vierge* de Raphaël.

BERTRAND (Noël), né en 1784, graveur à la manière du crayon.

Rien n'est plus inexact souvent qu'un catalogue exact : nous voulons dire que rien ne donne une idée plus fausse de la valeur générale d'un graveur qu'une longue liste où toutes ses productions sont imperturbablement énumérées, sans un mot de critique qui vienne vous en indiquer le mérite intrinsèque.

Dans le *Manuel de l'amateur d'estampes*, Noël Bertrand occupe six colonnes; vous pourriez en inférer qu'il est un graveur de quelque importance, d'autant plus que vous y trouverez, comme titres, tous les éléments d'un œuvre intéressant : estampes mythologiques ou religieuses, sujets de genre, portraits de *Napoléon*, de *Louis XVIII*, de *Charles X*, de *Louis-Philippe*, des membres de la famille royale, etc.

Vérification faite, vous constatez que Bertrand se livrait simplement à la fabrication des modèles de dessin, *Cahiers de principes, imitation libre de l'antique*, d'après Girodet et d'après E. Bourgeois, *Études variées pour le dessin*, *Têtes d'étude*, planches de *Costumes* d'après Le Mire, Vauthier et autres.

Voilà l'œuvre, en quatre lignes. Ce n'est peut-être pas là un catalogue raisonné, mais c'est un catalogue raisonnable.

Et pour mieux faire encore, quand nous rencontrerons à l'avenir des productions de ce genre, nous ne nous y arrêterons pas.

BERTRAND (James), né à Lyon en 1825, a lithographié vers 1854 une suite de diverses reproductions d'après le peintre lyonnais Victor Orsel. (1)

BERVEILLER, graveur sur bois. A pris part à l'exécution de plusieurs livres importants, parmi lesquels nous mentionnerons ici :

SOUS BOIS, par André Theuriet, nouvelle édition illustrée de soixante-dix-huit compositions de H. Giacomelli, gravées sur bois par Berveiller, Froment, Méaulle et Rouget, préface de Jules Claretie. Paris, Conquet et Charpentier (Chamerot imp.), 1883, in-8.

C'est assurément un des jolis livres qu'ait publiés la librairie française depuis Curmer.

Les exemplaires en grand papier ont une aquarelle sur la couverture.

(1) Mentionnons encore Bertrand, graveur sur bois, — Bertrand, qui a

BERVIC, 1756-1822, élève de Wille, graveur au burin, agréé à l'Académie royale en 1784, titulaire d'un logement au Louvre en 1787, membre de l'Institut en 1803, membre des Académies de Vienne, de St-Pétersbourg, de Berlin, d'Amsterdam, de Milan, de Bologne, de Copenhague, etc., décoré en 1819 pour « avoir ranimé par la supériorité de ces ouvrages le goût de l'étude de la gravure », (il faut se représenter que, à cette époque, donner la croix à un graveur était une grosse affaire), etc., etc.

Nous n'avons pas à donner ici la biographie de ce buriniste illustre, puisque la majeure et la meilleure partie de son œuvre, — qui ne comprend d'ailleurs que dix-neuf planches, — est antérieure à 1800. Nous ne pouvons cependant omettre l'artiste célèbre qui forme la transition entre la gravure du XVIIIe siècle et la gravure moderne.

Récapitulant brièvement les travaux de Bervic, nous citerons d'abord pour mémoire :

La Demande acceptée; *le Repos*, d'après Lépicié,

Le petit Turc, d'après Wille fils,

Les portraits de *Linné*, du *Comte de Vergennes*, de *Massalski*, de *Senac de Meilhan*,

---

gravé à l'eau-forte *Un Fourré*, planche publiée dans le *Journal des Artistes*, — Bertrand (Al.), lithographe : types divers, *Besançon en 1840*, etc., — Bertrand (Aug.), lithographe, qui a gravé le portrait de l'inventeur du spiritisme, *Allan-Kardec*, — etc.

Le fameux portrait de *Louis XVI* en pied, d'après Callet, où l'artiste avait eu le talent de tirer une estampe admirable d'une peinture très ordinaire,

Saint Jean dans le désert, d'après Raphaël.

Pendant la Révolution, Bervic exécute trois grandes planches :

L'Innocence, d'après Mérimée,

L'Éducation d'Achille, d'après Regnault, chef-d'œuvre de burin classique, dont le succès fut immense,

L'Enlèvement de Déjanire, du Guide, planche faisant le pendant de la précédente, non moins remarquable comme exécution, et plus séduisante par l'agrément du sujet. Cette estampe, qui fut déposée en l'an X, valut à son auteur le *prix décennal*, c'est-à-dire une récompense équivalant à ce que serait aujourd'hui la médaille d'honneur décernée à la meilleure estampe parue pendant l'intervalle de deux expositions universelles : grâce à ces deux planches, et à elles seules, il est possible de dire que les grandes traditions de la gravure française n'ont pas sombré pendant la tempête révolutionnaire. (1)

(1) Un travail sur les graveurs modernes devrait logiquement prendre son point de départ à la fin de l'ancien régime : néanmoins, nous avons laissé de côté les œuvres de la période révolutionnaire pour ne prendre les gravures qu'à partir de 1800. C'est qu'il eût été outrecuidant de nous risquer sur un terrain où nous trouverions devant nous Renouvier et son *Histoire de l'Art pendant la Révolution, considéré principalement dans*

Au XIXe siècle, Bervic termine encore une planche célèbre :

Le Laocoon, exécuté pour le *Musée Robillard*, gravure tour de force qui provoqua plutôt l'étonnement que l'admiration. (Bervic lui-même, lorsque plus tard il jetait un coup-d'œil rétrospectif sur sa carrière, ne fut pas sans regret, dit-on, d'avoir cédé à la tentation d'étaler l'extrême habileté de sa manœuvre.)

La Déclaration; *le Serment*, d'après Fragonard, estampes signées *Bervick* (sic).

Il ne grave plus ensuite que des pièces peu importantes :

Une *Tête de Minerve*, pour le Diplôme de

les estampes, livre d'un grand intérêt et d'une forme très vive, auquel nous renvoyons le lecteur en l'avertissant seulement de prendre garde que, pour donner du corps à son sujet, Renouvier a dû mettre au nombre des graveurs de la Révolution des artistes qui sont précisément les graveurs de ce XVIIIe siècle pour lequel il professe une assez mince estime (les *trois quarts* des artistes dont il s'occupe sont dans ce cas : les Fragonard, les Moreau, les Choffard, etc. !) De plus, il a dû considérer les estampes non au point de vue du mérite de leur exécution, mais au point de vue de l'intérêt des sujets représentés, ce qui permet de citer et de faire valoir bien des pièces dont le mérite artistique est absolument nul.

Mais personne ne sait, comme Renouvier, regarder les gravures et les faire regarder au lecteur : recherchant dans les estampes de la Révolution ce qui est actuel, patriotique, élevé d'intention, quitte à être de l'exécution la plus misérable ; surtout point pontife, et ne brandissant pas sans cesse Rembrandt, Marc-Antoine ou Nanteuil pour en assommer de pauvres diables de graveurs qui n'ont aucune prétention au génie. Est-il rien qui soit d'ordinaire plus monotone qu'une énumération d'estampes ? Eh bien, en les groupant adroitement, en les enveloppant dans quelques réflexions courtes, nettes, exactes, toujours piquantes, il a trouvé le secret de donner de la saveur à ces défilés de titres.

l'Institut national, classe de langue et littérature française.

Napoléon, médaille.

Louis XVIII, dont il n'a été tiré que trois épreuves.

Le Testament d'Eudamidas, d'après le Poussin, planche qui fut achevée par Toschi.

Bervic avait fait de la gravure classique, avec un talent supérieur. Depuis, d'autres burinistes, sans pouvoir atteindre à la beauté de son travail, exagérèrent son défaut, l'absence de qualités pittoresques, et furent simplement académiques et corrects. Ils attirèrent à l'instrument dont ils se servaient l'inimitié du public, qui en vint à se figurer que burin était synonyme d'ennui. Bervic avait réagi contre la liberté extrême que l'école de Le Bas avait apportée dans la manœuvre, contre la gravure facile. Nos contemporains, à leur tour, réagirent contre la régularité inintelligente et la monotonie du travail des burinistes, et demandèrent à l'expéditive eau-forte le pittoresque et la couleur. Comme il arrive toujours, un excès remplaça l'autre : aucun souci de la beauté de l'exécution matérielle, tout pour l'effet (cherchez la tache!). Après la « gravure en treillis », la gravure en gribouillis. On s'aperçoit aujourd'hui que l'eau-forte, (non pas l'eau-forte originale, l'eau-forte de peintre, mais l'eau-forte employée à la reproduction des œuvres peintes) n'est pas sans défauts, et le désordre de ses travaux fatigue autant qu'avait fatigué le rangement des tailles du « beau burin ». Les symptômes de lassitude sont apparents, et les mêmes hommes qui n'avaient pas assez de railleries pour *le losange avec un point au milieu*, se mettent à appeler irrévérencieusement les eaux-fortes *du papier noirci*. Ceci n'est peut-être qu'un mot de dépit motivé par certains achats trop coûteux. Une eau-forte sera toujours une belle chose, lorsqu'elle sera faite avec conscience par un graveur vraiment digne de ce nom. Et il en a été fait beaucoup de telles, depuis quarante ans.

BESNARD (J.), *polytipait* sur cuivre, en manière de bois, des vignettes, fleurons, cachets, étiquettes, griffes, chiffres et poinçons. Sous le premier Empire, il fournissait aux administrations publiques, — notamment à la Bibliothèque impériale, — des têtes de lettre. Un des modèles qu'il reproduisait n'est autre que l'en-tête de lettre pour le Département de la Seine-Inférieure d'après le dessin de Prud'hon. Mais le polytipage de Besnard n'a pas rendu cette petite merveille comme l'avait fait le pointillé de Roger. C'est un genre de gravure tout à fait industriel, néanmoins il avait du succès et provoquait la contrefaçon. Aussi, dans ses prospectus, Besnard foudroyait-il ses rivaux :

« *J'ai l'honneur de prévenir Messieurs les impri-*
» *meurs qui m'ont honoré jusqu'à présent de leur*
» *confiance que des hommes de mauvaise foi, sans*
» *talens, n'ayant pour eux que l'astuce et l'effron-*
» *terie, s'emparent journellement du fruit de mes*
» *travaux en fournissant de mauvais polytipages;*
» *ils projettent même de voyager pour en infecter*
» *les Départemens..... Je dois donc pour première*
» *vengeance les dénoncer et les abandonner au*
» *mépris qu'ils méritent!....* »

BESNARD (Étienne), né en 1789, graveur d'architecture, élève de Baltard, a exécuté plusieurs planches pour le grand ouvrage, demeuré inachevé, du *Sacre de Charles X*.

Les planches de cet ouvrage, au nombre de trente, gravées par Leisnier, Forster, Lefèvre, Dormier, Bein, Burdet, Bigand, Blanchard, Sellier, Lignon, Caron, Muller, Henriquel-Dupont, Johannet, Jeliotte, Dequevauviller, Schrœder, etc., sont à la Chalcographie (1).

(1) La Chalcographie du Louvre possède actuellement 6000 planches, dont les épreuves se vendent au musée, aux prix marqués dans un catalogue qu'il est intéressant de consulter, et que chacun pourra se procurer moyennant la somme de 2 francs. En voici le résumé, en chiffres ronds :

Fac-simile de dessins	100 pl.
Idem (eaux-fortes par le comte de Caylus)	223
Souvenir du golfe de Naples, par le comte Turpin de Crissé	50
Morceaux de concours des grands prix de Rome	40
Reproductions de peintures de l'école italienne	100

BESNARD (Paul-Albert), peintre, élève de Cabanel. A exposé en 1884 le portrait de *Lord Wolseley*, gravé par lui d'après son tableau. En 1885, *la Mort*, *Tristesse*, *Un petit garçon*.

BESNUS (Amédée), peintre-paysagiste et graveur à l'eau-forte contemporain.

1. Environs de Treméreuc, Côtes-du-Nord; in-4. (Cadart.)
2. La Mare au Drac, Bretagne; in-4. (Cadart.)

---

3. Chevaux en liberté dans une prairie marécageuse, in-8.

4. Même sujet, in-4 (reproduction d'un tableau du graveur, Salon de 1866. Cadart éd.).

5. Réunion de philosophes (quatre ânes groupés sur un tertre près d'une cabane), in-4. (Cadart.)

6. Taureau près d'un vieux saule, in-8, inédit.

7. L'Abreuvoir, un homme fait boire deux chevaux in-8, inédit.

8. Les Chevaux du père Vincent (d'après un tableau du graveur, Salon de 1875), in-4, chez Cadart.

Statistique monumentale de Paris, d'Albert Lenoir; — Ornements de la galerie d'Apollon, par Bérain; — Vues de Versailles et de Trianon, par J. Silvestre et J. Rigaud; — Grotte de Versailles, par Lepautre; — le Labyrinthe, par Séb Leclerc; — Vues de villes, châteaux, maisons royales, par J. Silvestre, J. Rigaud, etc.; — Monuments antiques à Orange; — le Forum romain; etc., etc. .... 800 pl.

L'ouvrage intitulé *Paris et ses monuments*, par Baltard 114

Sièges et batailles, cartes, plans 300

Carrousel de 1662. — Les Plaisirs de l'île enchantée, 1664. — Fête donnée le 18 juillet 1668. — Divertissements de 1674 110

Le Sacre de Louis XV 74

Fêtes pour le mariage de l'infant Don Philippe et de Louise-Élisabeth de France 14

Diverses cérémonies 50

Sacre de Napoléon 40

Décoration de Notre-Dame pour le Sacre 14

Fêtes du mariage de Napoléon et de Marie-Louise 13

Sacre de Charles X 30

Blasons et armoiries, planches de différents ouvrages, etc 300

Ce qui donne environ 4500 planches Pour arriver au total de 6000, il faut y ajouter les 900 planches de la *Description de l'Égypte*, et enfin 600 planches d'histoire naturelle, gravures anciennes bien exécutées, mais qui ne sont point d'un intérêt immédiat pour les collectionneurs.

9. Pâturage, in-4, chez Cadart.

10. Fend-le-Vent (vieil âne éclopé), pour une nouvelle de Jean Dolent, *Fend-le-Vent, histoire d'un Ane*, faisant partie d'un recueil de *Nouvelles à l'eau-forte* par la Société dite des *Têtes de bois*, avec 5 eaux-fortes par Besnus, Delacroix, Garnier, Morand, (Lemerre éd.), in-8, 1880.

11. Chevaux de halage, eau-forte in-4, exposée en 1870. (Cadart.)

12. Vieilles chaumières (un peintre à son chevalet au premier plan), pour une nouvelle de A. Besnus intitulée *Murger à Marlotte*, faisant partie d'un recueil de nouvelles, *le Livre des Têtes de bois*, par Guy de Maupassant, André Lemoyne, Franck, Valabrègue, etc. Charpentier, 1883, in-8.

13. Pâturage aux environs de Pont-l'Évêque, in-4, eau-forte exposée en 1877. (Cadart.)

14. Vieux chêne aux environs de Plougastel, in-fol., en collaboration avec Ch. d'Henriet. Exposé sous ce dernier nom au Salon de 1868, d'après le tableau de Besnus exposé au même Salon.

BEST (Jean), né à Toul en 1808, graveur sur bois.

Ce nom est important à retenir, il symbolise pour ainsi dire la première période de la gravure sur bois moderne : si l'on voulait donner en quatre mots l'histoire de cette gravure depuis cinquante ans, on le pourrait en écrivant quatre noms : Best, Lavoignat, Pisan, Pannemaker.

Best, représentant la *gravure en fac-simile* à son début : pour tout dire, l'organisateur de l'illustration du *Magasin pittoresque*, fondé en 1833 ;

Lavoignat, cette même gravure en fac-simile arrivée à la perfection ;

Pisan, la *gravure d'interprétation*, qui renonce à reproduire fidèlement le trait du dessinateur, par la bonne raison que le dessinateur ne lui fournit plus de dessin au trait ;

Pannemaker enfin, cette gravure d'interprétation portée au plus haut degré d'habileté, et rivalisant par des tours de force avec la taille-douce. C'est le dernier mot de la perfection dans ce que la gravure sur bois ne peut pas rendre.

Best forma d'abord une association avec Andrew (voyez ce nom) et Leloir ; plus tard, une autre avec Leloir, Hotelin et Régnier. On trouvera ces quatre noms réunis, par exemple, sur un bois de Daubigny du *Diable à Paris*, sur les bois des *Nouvelles genevoises* (un des livres les plus rares à trouver en bonne date, 1845), et de *Jérôme Paturot*. Mais ces bois, qui les a gravés ? Best ? Leloir ? Hotelin ? Régnier ? Peut-être aucun d'eux. Peut-être tout simplement les nombreux ouvriers qu'ils employaient. Bien souvent, en effet, la gravure sur bois n'est qu'un véritable travail industriel exécuté dans des ateliers. Dans les

Contes drôlatiques, vous voyez des bois porter une signature qui rappelle plutôt un produit commercial qu'une œuvre d'art : *Best et Cie*. (1)

Le nom de Best, seul ou en association, figure dans le *Magasin pittoresque*, le *Musée des familles*, *l'Illustration*, et dans beaucoup de livres illustrés :

Voyage où il vous plaira, par Tony Johannot, Alfred de Musset et Stahl (Hetzel, 1843, in-4), — *Scènes de la vie des animaux*, — *la Grande Ville*, — *Livre d'Heures*, de l'abbé Affre, — *le Vicaire de Wakefield*, — *Molière*, — *Télémaque*, — *le Jardin des Plantes*, — *Histoire de Napoléon*, — *Faublas*, etc., etc.,

Le Livre des enfants, contes des fées, par Mmes Elise Voiart et Amable Tastu (Paris, Paulin, 1836-1838, 6 vol. in-18). Ici il y a une raison pour que ces petits volumes enfantins soient arrivés à prendre place dans les bibliothèques sérieuses : il s'y trouve, au milieu des illustrations de Baron, Gérard Séguin, Gigoux, Grandville, Traviès, quelques bois d'un jeune artiste alors à

(1) Voilà pourquoi, — sans prendre parti dans la question de savoir si a gravure sur bois est un *métier* ou un *art*, — nous n'insistons pas sur l'œuvre des graveurs sur bois. Nous ne donnons pas le détail de ce qu'ils ont fait, ce serait inutilement long. Nous préférons indiquer, à l'article de chaque graveur, le titre des livres pour lesquels il a exécuté des illustrations. Nous faisons ainsi passer successivement sous les yeux du lecteur les principaux ouvrages illustrés du XIXe siècle, et en récapitulant leurs titres dans une table, il sera facile d'avoir une bibliographie générale sommaire des livres de ce genre publiés à notre époque.

son début, mais qui depuis est devenu Meissonier. (Ces bois sont au *Voyage dans l'île des Plaisirs*; ils ont été placés depuis dans *le Livre des petits enfants*, 1842),

Jean-Paul Choppart, par Louis Desnoyers, illustrations de Gérard Séguin et F. Goupil (Dubochet, 1843, in-8). Ce livre a fait palpiter les enfants, mais il amuserait aussi les grandes personnes. Si *Jean-Paul Choppart* m'était conté, j'y prendrais un plaisir extrême....,

La Touraine, de l'abbé Bourassé, (Mame, 1865), in-fol., très beau livre dont les bois sont gravés par Best, Brévière, Rouget, Lavieille, Guillaumot, Hildibrand, Porret, Sargent, etc.,

Divers *Romantiques*, etc.

Jean Best a eu une imprimerie, d'où est sorti, entre autres livres, *le Juif errant* de Doré.

BEST (ADOLPHE). — Bois pour *les Français peints par eux-mêmes*, etc.

BEYER (CHARLES), a gravé des planches pour les *Galeries de Versailles*, des illustrations pour *Notre-Dame de Paris*, *la Peau de chagrin*, *le Consulat et l'Empire*, l'*Histoire de Napoléon* de Norvins, les *Chansons de Charrin*, *Béranger*, *la Vie à la campagne*, etc., etc., des réductions du *Trompette* et du *Chien du régiment*, d'Horace Vernet, ainsi que de petites estampes publiées à la fois à Paris chez Janet, et en Angleterre : *le Braconnier pris*, *le Joueur de violon*, *le petit Commissionnaire*, *le Commissionnaire tenté*, etc.

BICHARD (Adolphe-Alphonse **GÉRY-**), né à Rambouillet le 19 novembre 1841, dessinateur, graveur à l'eau-forte.

1. Frontispice composé et gravé pour *Entre deux paravents*, 1878 (Lemonnyer édit.).

2. Douze figures et un frontispice composés et gravés pour Scènes de la Bohême, d'Henry Murger, édition publiée par la Société des Amis des Livres, 1878.

« Le tirage des gravures est très soigné, nous ne pour- » rions en dire autant du texte : caractère trop maigre, trop » inégal. » Tel est le jugement de M. Brivois sur ce volume, et nous n'y contredirons pas. (1)

---

(1) Il faut savoir reconnaître ses fautes.

La Société des Amis des Livres a eu tort de laisser appliquer à un volume de Murger des caractères elzéviriens et des fleurons dits *antiques*, ce qui est dans l'espèce un anachronisme difficilement justifiable. Ouvrir un volume qui traite des bohêmes du XIXe siècle et lui trouver l'apparence d'une édition de Montaigne, cela ne laisse pas de causer quelque surprise.

Nous pouvons dire que nous avons cédé au torrent, car l'invasion du caractère elzévirien a été certainement torrentielle.

Préparée de loin par les nombreux volumes de la *Bibliothèque elzévirienne* de Jannet, elle débuta en 1864 par un coup d'éclat, le *Molière* de Scheuring, imprimé par Perrin à Lyon. Immédiatement, l'elzévirien fut maître de la situation : pendant vingt ans il a été employé pour un nombre très considérable de volumes, parmi lesquels il s'en est trouvé quelques-uns

3. Portrait du chanoine Dollinger, d'après Lenbach, 1879. (*L'Art.*)

4. Frontispice composé et gravé pour les *Caprices du cœur*, 1880 (Rouveyre édit.).

5. Cinq vignettes et un frontispice, composés et gravés pour les *Contes de Voisenon*, 1880 (Quantin édit.).

6. Cinq vignettes et un frontispice, composés et gravés pour les *Contes de Cazotte*, 1882 (Quantin édit.).

---

de parfaits, beaucoup de simplement passables, les autres plus que médiocres.

Le caractère elzévirien semble être aujourd'hui au déclin de son règne qui, disons-le, a été un peu tyrannique. Il a voulu être tout, accaparer tout, servir à tout, aussi en est-on fatigué. Avec lui, on peut faire de jolis petits livres, non de beaux livres. Il a pour lui sa qualité, l'élégance; contre lui son défaut, la maigreur, qui rend sa lecture pénible. Ce défaut s'accentue encore pour les livres de poésie imprimés tout entiers en elzévir italique : alors il devient exaspérant, surtout si le livre n'est pas tiré avec un soin extrême. Or, les papiers de Hollande dont on se sert aujourd'hui ne reçoivent pas toujours facilement l'encre. Les imprimeurs ont pris dès lors l'ingénieuse précaution de poser comme règle et de faire admettre que rien n'était mieux qu'un tirage « blond ». Subterfuge habile pour faire passer le tirage pâle. Cependant, quoique « blond », le tirage devrait être au moins d'une faiblesse uniforme; mais il arrive couramment que dans un même volume vous rencontrez, à côté de feuilles « blondes » et demi-vigoureuses, d'autres feuilles absolument chlorotiques, livides, et qui s'évanouissent. Les bibliophiles devront prendre l'habitude de rebuter impitoyablement ces volumes mal venus et de nature à compromettre la réputation de l'imprimerie parisienne.

Mais, encore un coup, le défaut le plus grave de l'elzévirien, c'est l'abus qu'on en a fait en l'employant indistinctement à tous les usages. On en est saturé. Une opposition déterminée s'est formée contre l'omnipotence de ce caractère dominateur et envahissant, a grandi, gagné de plus en plus, lui a enlevé tous ses partisans à l'exception de quelques mamelucks obstinés, est devenue majorité et a remis au pouvoir le beau caractère français de Didot, maintenant en pleine faveur.

7. Portrait de Chardin, d'après lui-même, 1882. (*L'Art.*)

8. Tête de jeune homme, d'après Giorgione, 1882. (*L'Art.*)

9. Frontispice composé et gravé pour *les Reines du chant*, 1882 (Lemonnyer, édit.).

10. Plus rien, d'après Israels. (*Modern Artist.*)

11. La Nuit, d'après Bouguereau. (*Livre d'or du Salon.*)

12. Sainte Famille, d'après Francia. — Jeune Fille, d'après Greuze. (*Cent Chefs-d'œuvre.*)

13. Illustrations d'après Leman pour les *Œuvres de Molière* (Lemonnyer édit.).

14. Le Peintre, d'après Meissonier, (collection Dumas fils); très bonne gravure exécutée pour la *Gazette des Beaux-Arts*, 1885.

BICHEBOIS, lithographe.

Monument élevé dans le parc de Neuilly en 1830 par S. A. R. Madame Adélaïde.

Lithographies pour l'ouvrage du baron Taylor, — Vues de villes, Vues de Moscou, — Études, Cours de paysage, etc.

BIDA (Alexandre), dessinateur, né à Toulouse vers 1820.

Ses premières lithographies sont des vignettes

à la plume pour des titres de volumes romantiques (lithographie Bonnal, 4 rue St-Rome, à Toulouse), pièces citées par M. Champfleury.

Lithographies pour les *Poésies de Godouli*, Toulouse, 2 p.

Lithographies pour *l'Artiste méridional* (portraits du *Duc de Montmorency* et du *Prince de Condé. — L'Atelier des frères Zuccati*).

Portraits de *M*elle *Isis Rouch* (Mme Bida) et de *M*elle *Corinne Rouch*, sa sœur, 1839, 2 p. in-8.

Des *Costumes* pour Philipon, signés *Abdi*, 1833.

Vénus, d'après Riesener (*Revue des Peintres*).

Bardou, rôle de Beau Soleil dans le Frère de Piron, théâtre du Vaudeville, 1837.

Maurice Tamisier et Edmond Combes, 2 portraits sur la même feuille, 1838.

Le Maître d'armes : Je leur z'y ai fait voir que ce n'est pas à celui dont la fortune lui a été défavorable qu'il faut le vexer. Chez Aubert.

Affiche pour *les Boucaniers, par Paul Duplessis* (Depotter éd.).

Croquis lithographique exécuté sur la marge d'une pierre, représentant une *Tête de jeune garçon égyptien*, de trois quarts à gauche; signé *B* (de toute rareté).

L'Orient pittoresque, 1851 : (titre lithographié, diverses planches : *Un Muezzin*, *Femme fellah*, *Aveugle au Caire*, *Famille fellah*, *Arnautes*, *Souvenir d'Égypte*.) In-4.

Souvenirs d'Égypte, par Alex. Bida et E. Barbot: (feuille de titre et 12 types: *Dame du Caire, Albanais, Arabe du Hedjaz, Femme fellah du Caire, Anier, Almée, Femme fellah, Nubien, Femme voilée, Joueuse de tarabouqa, Copte écrivain, Saïs palefrenier.*) Grand in-4.

Pourquoi faut-il que l'artiste se soit arrêté en si bonne voie et n'ait pas développé ses *Souvenirs d'Égypte et d'Orient* au point d'en faire une publication qui eût été le pendant du *Voyage dans la Russie méridionale*, ce chef-d'œuvre de Raffet pour lequel nous savons qu'il professe une admiration si sincère! (1)

Une planche d'essai à l'eau-forte, représentant un *Arabe*, (c'est A. de Bar qui a fait mordre cette planche).

A son ami E. Hédouin, Bida, portrait de Bida,

(1) En 1865, Bida, répondant à M. Giacomelli qui lui avait envoyé son catalogue de l'œuvre de Raffet, écrivait ces lignes qui méritent d'être conservées :

« Je me hâte de vous remercier et de vous dire, Monsieur, combien j'ai » été sensible à cette marque d'estime et aux sentiments beaucoup trop » flatteurs pour moi que contient votre lettre. Je n'en veux prendre que le » témoignage de notre commune admiration pour un homme du mérite le » plus élevé que je connaisse de notre temps C'est le seul titre que je me » reconnaisse à votre bienveillance. Raffet, à défaut de la gloire retentis- » sante qui devrait entourer son nom, a le privilège de réunir dans un » même culte tous les hommes qui l'ont connu et qui ont su apprécier son » immense talent. Quant à moi, ce n'est pas seulement un tribut d'admi- » ration que je rends à sa mémoire, mais encore un hommage de recon- » naissance; car l'étude de ses œuvres, qui date de longues années, a été » pour moi le meilleur des enseignements, et je dois à son talent ce que » vous voulez bien appeler le mien.... »

de trois quarts à gauche, eau-forte in-12, sans encadrement.

Neuf eaux-fortes pour *Aucassin et Nicolette*, chantefable du douzième siècle, traduite par A. Bida. (Paris, Hachette, 1878, un vol. in-8 carré.)

Des gravures sur bois, d'après Bida, se trouvent dans la *Mosaïque du Midi* (1833-35), dans un ouvrage sur la cavalerie, de M. d'Aldéguier, publié à Toulouse, dans les *Chansons de F. Bérat*, les *Chansons populaires des provinces de France*, dans le *Magasin pittoresque*, le *Tour du Monde*.

Enfin, une mention spéciale est due aux ouvrages suivants, vu leur importance :

Œuvres complètes d'Alfred de Musset, édition dédiée aux amis du poète, ornée de 28 dessins de M. Bida (gravés par Balin, Colin, Desvachez, Goutière, Levasseur, G. Lévy, Nargeot père, sous la direction de M. Henriquel-Dupont), Charpentier, 1865-66, 10 vol. in-8. Les dessins originaux ont été vendus, un par un, en 1873. Ils ont atteint un prix total de vingt mille francs environ.

Les Saints Évangiles (Hachette éd.), 2 vol. grand in-fol. avec 128 compositions de Bida, gravées par Mme Henriette Browne, MM. Bida, Bodmer, Bracquemond, Chaplin, Deblois, L. Flameng, Gauchard, Gilbert, D. Girardet, Haussoullier, Hédouin, Massard, Mouilleron, Cél. Nanteuil et Veyrassat, et 290 ornements gravés par Gaucherel d'après Rossigneux. (Papier vélin, 500 fr. Hollande, 2,000.)

Le Livre de Ruth, 9 figures, 7 têtes de pages et culs-de-lampe gravés par Boilvin, Flameng, Hédouin, Laguillermie, Lerat, Waltner.

L'Histoire de Joseph, 20 figures et 30 têtes de pages et culs-de-lampe gravés par Boilvin, Brunet-Debaines, Courtry, L. et F. Flameng, etc., etc.

L'Histoire de Tobie, 14 figures et 42 têtes de pages et culs-de-lampe.

Le Livre d'Esther, 12 figures et des têtes de chapitres.

Le Cantique des Cantiques (en préparation).

BIGOT (Georges), jeune pointe-séchiste, élève de Buhot, a gravé l'adresse de *Delorière, marchand d'estampes, rue de Seine.* Est allé au Japon, où il a gravé de curieux albums.

BILLY (Charles-Bernard de), aquafortiste contemporain, élève d'Yvon et de Boilvin.

Le Triomphe de la Religion, d'après Rubens.— *Le Printemps*, d'après Gabriel Ferrier.— Diverses planches pour *l'Art*, pour le *Livre d'or du Salon*, etc. — *Salomé*, d'après Lefebvre. — *L'Aurore*, d'après Delaplanche. — *Odalisques au bain*, d'après Gérôme.

BIOT, graveur au burin contemporain.

La Madonna della Scala, d'après le Corrège, (Dusacq, éd.). — *Aglaé et Boniface touchés par la grâce divine*, d'après Cabanel, ovale en largeur, (id.). — *Le Miroir*, d'après Germak, (id.). — *L'Ascension*, d'après Doré.

BIROUSTE, graveur sur bois, époque 1840.

1. Vignettes pour l'*Histoire de Napoléon* de Marco Saint-Hilaire, *le Diable à Paris*, *les Français peints par eux-mêmes*, etc.

2. Petits bois d'après Daumier pour la *Physiologie du Poète*, d'Edmond Texier (un de ces cent et tant de petits volumes de *Physiologies* publiés vers 1840-41, et dont quelques-uns sont assez amusants) et pour diverses autres *Physiologies*, entre autres *Physiologie du Diable*, dessins de Moynet, — *de l'Homme marié*, dessins de Marckl, — *du Viveur*, *du Théâtre*, dessins d'Émy, etc.

3. Les Industriels, *métiers et professions en France par Emile de la Bédollière, avec cent dessins par Henry Monnier*, Paris, Vve Janet, 1842, in-8. Les bois sont gravés par Birouste en majeure partie, et par Baulant, Bara, Gérard, Montigneul, Tamisier. (Livre recherché, 50 fr. en bel état). Ils ont ensuite été publiés en placards populaires sous les titres *Macédoine*, *Cris de Paris*.

4. Lettres ornées et frontispice pour l'édition de *la Marseillaise*, exécutés pour M. Jules Laisné.

5. Ah ! qu'il fait chaud, — La Marche, — Le Repos, 3 eaux-fortes. — Etc., etc.

BIZEMONT-PRUNELÉ (Le Comte de), 1752-1830, élève de Gaucher, s'est essayé à graver par tous les procédés et a publié des *Essais de gravure dans différents genres*. Une adresse, gravée par lui, nous apprend que pendant la Révolution, il donnait des leçons de dessin à Londres : *Mr Bizemont, Drawing master, no 19 Norton Street near Portland Street, London, 1794.*

Le Blanc a donné le catalogue complet de Bizemont, d'après l'œuvre du Cabinet des Estampes. Peu de pièces, sur le nombre de cent vingt, appartiennent à notre siècle : ce sont quelques *Vues d'Orléans* signées *Adrien de Bizemont*; *Entrée du Château de Couralle près Beaumont*, d'après J. V. Bertin ; des *Paysages* d'après Hubert Robert et Cassas, le tout dans un très petit format; une *Suite de Cartes de visite composées et dessinées par Gaspard de Bizemont*, 8 p., 1811; une *Tête de lettre* avec une vue de la cathédrale d'Orléans, 1817; enfin un essai de lithographie.

Une pièce est signée *Cécile de Bizemont*, 1801.

BLAISOT (Eugène), né en 1821. — Les Parisiens qui suivent le théâtre connaissent le comédien Blaisot. Mais Blaisot était aussi souvent visible à l'hôtel Drouot les jours de vente de gravures, que sur la scène du Gymnase, car il cumule, il est marchand d'estampes, et peut même tirer un légitime orgueil de l'ancienneté de sa maison. Il y a deux cents ans, nous trouvons un Gilles Blaisot éditeur-libraire rue Saint-Jacques. Il y a cent ans Antoine Blaisot, grand-père d'Eugène, était marchand d'estampes à Paris, ainsi que son frère Noël Blaisot (c'est ce dernier, croyons-nous, qui est représenté sur une curieuse estampe que nous avons indiquée à l'article *Basset*). Un troisième frère, Michel Blaisot, était en même temps libraire du roi Louis XVI, à Versailles, et sa boutique de la rue de Satory était un lieu de réunion et de causerie, comme le sont encore certaines de nos librairies.

Un fils de Michel Blaisot, qui s'appelait Noël, fut peintre, et beaucoup de ses compositions ont été gravées au pointillé.

Antoine-Bara Blaisot, fils d'Antoine, né en 1794, mort en 1876, est l'éditeur et marchand d'estampes universellement connu. Rappelons seulement que c'est lui qui commença à publier, il y a plus de soixante ans, les premières lithographies d'un jeune homme qui s'appelait Chevalier et qui depuis fut Gavarni. C'est encore lui qui a édité la belle publication des *Émaux de Petitot*. Il a gravé des *Modèles de broderies*.

Eugène Blaisot, son fils, a quelquefois gravé à

l'eau-forte (portraits de *Grassot*, de *Larochelle*, de *Provost*; planches pour le *Répertoire de l'Ornemaniste*, six *Paysages*, *le Savetier en goguette* d'après Charlet, *les Deux Faisans*, 1851, etc.).

BLANC (CHARLES), 1815-1882, critique d'art, fut quelque peu graveur. Il était élève de Calamatta et de Mercuri. Sa première planche fut une copie du *Lutma* de Rembrandt (*l'Artiste*, 1837). Puis vinrent la tête de *Broussais* mort (*l'Artiste*, 1838), les portraits de *Musard*, du docteur *Duval*, orthopédiste, d'*Auguste Lucker*, et un *Guizot* en taille-douce d'après Paul Delaroche, qui se trouve dans le *Livre des Orateurs* de Timon. *Ballade écossaise*, d'après Eug. Delacroix. *Gitana dansant dans une rue de Séville*, d'après L. Boulanger, 1851. Enfin, dans la *Gazette des Beaux-Arts* (publication que Charles Blanc a fondée et qui, depuis vingt-cinq ans, a rendu d'inappréciables services à l'art de la gravure) figurent sous sa signature un portrait de *Rembrandt* d'après lui-même, et un *Gentilhomme* du temps de Louis XIII, en habit de cavalier, petite pièce d'après Meissonier.

Charles Blanc a mis en théorèmes une *Grammaire des arts du dessin* et une *Grammaire de l'art décoratif*, et publié l'*Œuvre de Rembrandt* avec reproductions héliographiques de toutes les eaux-fortes du maître. Enfin, il entreprit résolument, poursuivit avec ténacité et mena à bien, en douze ans, de 1853 à 1865, une publication d'art vraiment formidable (450 livraisons), l'*Histoire des Peintres de toutes les écoles*, où sont insérées d'innombrables gravures sur bois.

BLANC (PAUL), peintre, a exposé au Salon de 1884 une série de douze *Mendiants*.

Carte d'invitation : *Samedi 10 août 1878, vous êtes prié de venir dîner chez Dagorno, restaurateur, 190 rue d'Allemagne (Petite-Villette)*, *à 7 heures précises*.

BLANCHARD, né à Paris vers 1766, et qui signe *Blanchard aîné* ou *Blanchard père*, a gravé des vignettes pour :

Frère Bonaventure et la belle Angélique, marchande de poissons, poème tragi-comique en huit chants, 1793,

Azaïel et le rapt de Dina,

Daphnis et Chloé, figures de Binet, 1795,

Télémaque, figures de Binet, 1797,

Les Saisons, de Thompson, an VI,

Les Amours de Pierre le Long et de Blanche Bazu,

Manuel des autorités constituées de la République, 18 figures de Quéverdo,

Voyage autour de ma chambre,

La Mort d'Abel, figures de Binet, 1801.

Des caricatures : *le Poisson des jeunes filles* (c'est la pêche aux cœurs); *la Roulette*, d'après Desrais; *la Promenade à la plaine des Sablons*; *le Café du Bel-Air ou les Gourmets du Pont-au-Change en jouissance*; *la Cage ouverte ou le désordre dans l'atelier du peintre*; *les Jeunes Artistes*; *Gargantua a son grand couvert*; *Nous sommes sept*; *le Sérail parisien*.

Des gravures populaires comme le *Défilée* (sic) *des troupes devant le Premier Consul aux Thuïleries* et le *Combat de Landshut*; *l'Impératrice Marie-Louise venant voir le Roi de Rome couché dans le berceau offert par la Ville de Paris*; *Départ de l'île d'Elbe*; *Testament de Louis XVI*; *Dieu protège la famille royale* (portraits de la famille royale dans une croix du lys).

Des planches de *Meubles*.

Des blasons pour l'*Armorial général de la Chambre des Pairs*.

La Colonne de la place Vendôme, 1832, petite pièce in-4.

Le Choléra-Morbus : Ah! chère révolution de Juillet, sans toi je serais resté dans le nord de la Russie; in-4.

BLANCHARD (Auguste-Jean-Baptiste-Marie),

né à Paris en 1792, fils du précédent. Il signa d'abord *Blanchard fils*, et plus tard *Blanchard père* pour se distinguer de son fils dont nous parlerons tout à l'heure.

Une de ses premières pièces est un médaillon donnant les portraits de *Wilson, Hutchinson et Bruce, mis en jugement par la Cour d'assises de la Seine pour avoir favorisé l'évasion de M. de la Valette*. Blanchard fils sc.

Brevet pour la médaille donnée à la garde nationale par le décret royal du 5 février 1816, Blanchard fils sc. (La médaille était une étoile d'argent avec l'effigie de Louis XVIII, et se portait avec un ruban bleu et blanc.)

Nous trouvons ensuite dans son œuvre des estampes :

Jeunesse de Voltaire, *Jeunesse de Jean-Jacques Rousseau*, d'après Steuben.

Serment des Horaces, d'après David, grand in-8.

Daphnis et Chloé (ou *la Leçon de flûte*), d'après Albrier, 1825, petit in-fol.

La Sainte Famille, d'après Battoni, in-4. (*Galerie Aguado*). — *Le Triomphe de Galatée*, d'après le Dominiquin, in-4. (*Id.*). — *La petite Paysanne*, d'après Murillo, in-4. (*Id.*)

Sainte Juste, d'après Murillo, in-4, avec bordure ornée.

Murillo, d'après lui-même, in-4.

Descente de croix, d'après Rubens, grand in-fol. Pièce la plus importante de l'œuvre.

Hérodiade, de Luini, etc. (*Galerie de Florence.*)

Capua, *Ardea*, 2 p. in-4, d'après Papety.

Quelques portraits pour la *Galerie Napoléon*, petite collection in-32; portraits de *Goethe* et de *Schiller*, in-8 ovale; d'*Andrieux*, in-18; de *Walter Scott*, 1833, in-12, très finement exécuté; de *Washington*, in-4, 1836; etc., etc.

De très nombreuses vignettes d'après Desenne, Dévéria, Johannot, H. Vernet, etc., pour *Paul et Virginie*, *Regnard*, *Beaumarchais*, *Lamartine*, *Chateaubriand*, *Faublas*, *Tressan*, *Oraisons funèbres*, la *Bible*, *Walter Scott*, *Cooper*, *La Fontaine*, *Molière*, etc., etc.

Blanchard a également gravé quelques-unes des *101 planches pour l'Histoire de la Révolution française*, d'Ary Scheffer et des Johannot; des figures qui ornent (!) l'ouvrage de M. de Chambure, *Napoléon et ses contemporains*, enfin une des grandes compositions de Flatters pour *le Paradis perdu*.

Il a gravé la suite complète des illustrations d'Alfred et Tony Johannot pour les *Œuvres de Scribe*, édition d'Aimé André: comme dessin ces illustrations ont un accent de leur temps qui n'est pas sans intérêt, et l'on jugera que la gravure n'en a pas été exécutée sans intelligence, quand l'on saura qu'il s'agit d'une gravure tout à fait sommaire et sans prétention ; l'éditeur exigeait qu'on lui livrât une planche tous les huit jours ! (1)

Blanchard père avait l'instinct de ce qu'il fallait faire pour la gravure rapide. Gavard, lorsqu'il voulut mettre en œuvre la grande publication des *Galeries historiques de Versailles*, pensa à faire

(1) C'est matière fort délicate pour les graveurs que d'apprécier jusqu'à quel point il convient d'exécuter ces sortes de gravures, dites faciles, sommaires, rapides, expéditives : ce que nous appellerons *gravures de catalogues*, parce qu'elles sont aujourd'hui très employées dans les catalogues de ventes de tableaux, pour donner grosso modo l'indication et le mouvement des sujets représentés par les toiles sur lesquelles on veut appeler l'attention et les enchères des amateurs. (Il ne faut pas prendre cette appellation d'une façon trop absolue, car il y a eu dans certains catalogues des eaux-fortes très intéressantes : les graveurs, un peu pressés, n'avaient pas eu le temps de chercher à trop finir leur travail, et par conséquent de l'abîmer.)

Les gravures de catalogues ont certainement un avantage, elles permettent aux jeunes graveurs de commencer à se produire : elles fournissent aux artistes du travail, et par conséquent le moyen de gagner leur vie.

Mais elles ont aussi un grave inconvénient.

Pour avoir de bonnes planches, il faut confier aux graveurs des sujets qui leur plaisent, qui leur *disent*, leur donner beaucoup de temps, et les bien payer. Or, ces gravures de catalogues, ils les acceptent souvent sans entrain, on les leur paie peu de chose, et on leur demande les planches à bref délai. Et nous mettons avec les gravures de catalogues beaucoup de gravures de vignettes qu'on fait exécuter dans les prix doux.

Qu'arrive-t-il ? L'artiste grave, non pas sans conscience (c'est un mot qu'il ne faut pas prononcer : il fournit, comme on sait, matière à procès), il grave au contraire consciencieusement.... pour le prix.

Mais comme il n'y a pas en gravure l'équivalent de ce qu'on appelle en cuisine *le poulet à la minute*, le public, qui n'est pas dans la confidence des marchés passés et des délais imposés, ne voit qu'une chose, c'est que ce sont des gravures par à peu près ; de là à dire mauvaises gravures, il n'y a qu'un pas, et de là à dire pitoyable graveur, il n'y en a qu'un autre. C'est injuste, mais inévitable.

Voilà l'écueil des gravures lâchées pour les artistes arrivés, qui ont à sauvegarder leur réputation.

exécuter des planches qui fussent à la fois bien faites et sommaires; vu la quantité de planches à graver, la vraie gravure eût été ruineuse : il en demanda quelques-unes à Blanchard, l'*Entrée d'Henri IV à Paris*, d'après Gérard; *Louis XVI distribuant des secours*, d'après Hersent; *Bonaparte et les révoltés du Caire*, d'après Guérin; la *Bataille d'Austerlitz*, d'après Gérard; *Napoléon devant Madrid*, d'après Carle Vernet; *le Duc de Nemours au siège d'Anvers*, d'après Eugène Lami; *le Duc de Chartres* (depuis, Louis-Philippe), portrait qui se trouve en tête de l'ouvrage; etc., etc. A les juger sur les belles épreuves, on voit que notre artiste avait très bien compris ce qu'il y avait à faire, une gravure légère et facile, mais en même temps consciencieuse et précise. C'est sur cette donnée que la publication eût dû être entièrement exécutée.

Nous n'avons plus qu'à mentionner la collaboration d'Auguste Blanchard au *Béranger* de Perrotin, et nous passons à son fils.

BLANCHARD (Auguste-Thomas-Marie), fils et élève du précédent, né à Paris en 1819, concourut pour le prix de Rome et obtint le premier second grand prix en 1838 : il renonça à concourir de nouveau pour se marier. Sa première œuvre importante fut le grand portrait de l'architecte

Huyot, d'après Droling. Il entra ensuite en relations avec l'éditeur Goupil qui lui confia à titre d'essai les têtes du *Christ* et de *l'Ange Gabriel*, d'après Paul Delaroche. Le succès obtenu par ces deux planches fit avoir au graveur d'autres commandes importantes : *le Repos de la Vierge en Égypte*, d'après Bouchot ; *le Christ rémunérateur*, d'après Ary Scheffer (qui devait faire pendant au *Christ consolateur* du même peintre, gravé par Henriquel-Dupont). Il eut aussi une commande de l'État, l'*Antiope* du Corrège, dont il a fait une estampe de premier ordre.

Le graveur donna ensuite plusieurs planches sur des sujets contemporains : *le Congrès de Paris*, d'après Dubufe, et le *Mariage du Prince de Prusse* (aujourd'hui prince impérial d'Allemagne), d'après le tableau de Philips appartenant à la reine d'Angleterre, (exécutée pour l'éditeur Gambart de Londres), enfin la fameuse estampe des *Courses d'Epsom*, d'après Frith, (gravée pour le même éditeur), dont le succès fut immense en Angleterre, et qui restera comme une des plus curieuses planches de notre temps.

Il a gravé depuis trente ans des estampes importantes d'après Meissonier et surtout d'après Alma-Tadema dont il est le traducteur pour ainsi dire attitré, ainsi que d'intéressants portraits. Ses planches sont d'une grande correction de dessin, et d'une exécution agréable et claire : elles sont exemptes de ce défaut de tant de gravures modernes, la trop grande multiplicité des travaux, qui viennent couvrir toutes les parties de l'estampe sans exception, font disparaître tous les clairs, assombrissent les planches et les éteignent.

Auguste Blanchard a eu toutes les médailles. Il a été décoré en 1866. Voici le catalogue détaillé de son œuvre :

1. Portrait d'homme, tiré de la Galerie de Florence.

2. Le petit Paysan, d'après Murillo. (Galerie Aguado.)

Pendant de *la Petite Paysanne*, de Blanchard père.

3. Samson, d'après le Dominiquin. (Id.)

4-5. LE CHRIST, — L'ANGE GABRIEL, 2 p. d'après Paul Delaroche, 1844, in-8 ovale dans un encadrement orné grand in-4. (Goupil éd.)

Les épreuves d'artiste sont avant l'encadrement, il n'y a que l'ovale seul. — Rares.

6. LA VIERGE DE SAINT-SIXTE, 1844, in-4. (Pour la collection des Vierges de Raphaël publiée par Furne.)

7. LE REPOS DE LA VIERGE EN ÉGYPTE, d'après Bouchot, 1847, grand in-4 ovale. (Goupil.)

Tirage à trois états, comme presque toutes les planches de l'œuvre : 1° épreuves d'artiste, *sans aucune lettre*; 2° épreuves avant le titre ; 3° avec la lettre.

8. FAUST ET MARGUERITE, d'après Ary Scheffer, 1847, in-fol. (Goupil.)

9. LE CHRIST RÉMUNÉRATEUR, d'après Ary Scheffer, 1849, petit in-fol. en largeur avec encadrement orné. (Goupil.)

Pendant du *Christ consolateur* gravé par Henriquel-Dupont.

10. JUPITER ET ANTIOPE, d'après le Corrège, in-fol. (Commande de l'État. La planche est devenue la propriété de Goupil.)

Cette remarquable estampe place son auteur au rang des artistes dont les œuvres « sont de nature à soutenir la vieille » renommée de l'art français et à défier ses comparaisons » avec les produits de l'art étranger. Où trouver, par » exemple, en dehors de la France, des équivalents au » *Mariage de Sainte Catherine* d'après Memling, de » M. Alphonse François, à l'*Antiope* d'après Corrège, de » M. Blanchard, ou à la *Vierge de la Consolation* de » M. Hébert par M. Huot, à la *Maîtresse du Titien* par » M. Danguin, ou au *Portement de croix* gravé d'après » Le Sueur par M. Bertinot, à plusieurs planches encore, » diversement remarquables, signées des noms de quelques » autres artistes ? » (Vte Henri Delaborde, *la Gravure.*)

11. LE CONGRÈS DE PARIS, d'après Édouard Dubufe, 1858, grand in-fol. en largeur. (Goupil.)

Cette planche donne les portraits de tous les plénipotentiaires et du secrétaire du Congrès.

12. DERBY DAY, d'après Frith, 1862, très grand in-fol. en largeur (Largeur, 1 m. 20 cent. Hauteur, 60 cent.). Publié par Gambart, à Londres. — (Le tableau, que la gravure a rendu avec avantage, est à la *National Gallery*.)

« Un jour viendra, » a dit Jules Janin, « où nos petits-fils » voudront savoir qui nous étions et ce que nous faisions » *en ce temps-là*, comment nous étions vêtus, quelles robes » portaient nos femmes, quelles étaient nos maisons, nos » habitudes, nos plaisirs ; ce que nous entendions par ce

» mot fragile, soumis à des changements éternels, la beauté? » On voudra de nous tout savoir, comment nous montions » à cheval? comment nos tables étaient servies, quels vins » nous buvions de préférence? quel genre de poésie nous » plaisait davantage, et si nous portions ou non de la poudre » sur nos cheveux et à nos jambes des bottes à revers..... »

La célèbre estampe des *Courses d'Epsom* est de celles qui donneront pleine satisfaction à nos petits-fils, en leur montrant ce que fut cette grande fête du peuple anglais, le Derby! Pour bien apprécier tout son intérêt, il faut se mettre à la place des gens qui vivront dans cinq ou six cents ans, et supposer que les épreuves auront été tirées sur un assez bon papier pour durer jusque-là! Voyez-vous quelle étrange résurrection du passé ce sera pour eux! Ce sera un peu, semble-t-il, comme si l'on pouvait trouver aujourd'hui à Pompeï une grande estampe spirituellement gravée et représentant les jeux du Cirque!

Outre les épreuves d'artiste et les épreuves avant la lettre, il existe quelques épreuves de la préparation à l'eau-forte, très spirituelle de facture.

13. MARIAGE DU PRINCE DE PRUSSE ET DE LA PRINCESSE CHARLOTTE D'ANGLETERRE, d'après Philips, 1864, grand in-fol. en l. (Gambart.)

Cette estampe contient de nombreux portraits.

14. LE CHRIST RETROUVÉ PAR SA MÈRE AU MILIEU DES DOCTEURS, d'après Hunt, 1869. (Gambart.)

Cette estampe, exécutée d'après un tableau assez original, essai de restitution archéologique, a eu beaucoup de succès en Angleterre.

15. LE POT DE BASILIC, d'après Hunt (jeune femme écoutant ce que lui dit la tête de son amant qu'elle a placée dans le pot de basilic), 1870, grand in-fol. (Gambart.)

16. SAINTE AGNÈS, d'après Macclis, 1870, grand in-fol. (Gambart.)

17. LE CHRIST MORT SUR LES GENOUX DE LA VIERGE, d'après Francia (National Gallery). 1873, in-4. (Gambart.)

1. Avant la bordure. La pièce est demi-circulaire.

2. Avec une bordure formant deux angles à la partie supérieure.

3. Avec la lettre.

18. LA PARTIE D'ÉCHECS, d'après Meissonier, 1873, in-4. (Gambart.)

Une des meilleures planches de l'œuvre.

19. L'AMATEUR, d'après Meissonier, 1881, in-4. (Lefèvre, successeur de Gambart.)

20-21. Dante, — Virgile, 2 p. in-fol.

22. LA FÊTE DES VENDANGES A ROME, d'après Alma-Tadema, 1874, grand in-fol. en largeur. (Lefèvre.)

23-24. LA PEINTURE, — LA SCULPTURE (intérieurs d'ateliers sous l'ancienne Rome), 2 p. d'après Tadema, 1877, in-fol. (Id.)

25-28. LES SAISONS, 4 p. d'après Tadema, 1879, grand in-4. (Id.)

29. SOUS CONSTANTIN (barbare amusant un romain avec un chien savant), d'après Tadema, 1879, in-4 en largeur. (Id.)

30-31. LA BACCHANTE, — LA DANSEUSE, 2 p. d'après Tadema, 1881, in-4. (Id.)

32. LE BAISER D'ADIEU, d'après Tadema, 1884, in-fol. (Id.)

33. LE LAURIER EN FLEUR, d'après Tadema, 1885, petit in-fol. (Lefèvre.)

34. L'Enfant prodigue, d'après Téniers (Musée du Louvre), le paysage par Adler-Mesnard, petit in-fol. en l. (Société française de Gravure.)

---

35. HUYOT (J.-B.), architecte, membre de l'Institut, d'après Droling, 1842, in-fol. (Publié en souscription par ses élèves, chez l'éditeur Gache).

36. Steuben, Paul Delaroche pinx. 1831, Blanchard fils sc. 1843, grand in-8 sans encadrement.

37. Pie IX, d'après Biennoury, 1847, in-4. (Goupil.)

Pendant du *Grégoire XVI* gravé par Henriquel-Dupont.

38. Portrait d'homme, de trois quarts à droite, d'après Ary Scheffer, 1849, in-4.

39. Potocka (la Princesse), de face, la tête penchée à gauche, les mains croisées, 1851, in-4 ovale, double filet d'encadrement carré.

40. Estienne, membre de l'Institut, 1853, in-12.

41. Bérat (Frédéric), 1853, in-12 à claire-voie. (Ce petit portrait, finement gravé, se trouve en tête du volume des *Chansons* de Frédéric Bérat.)

42-43. Talleyrand, Schœlcher, petits portraits exécutés pour les *Classiques de la Table*.

44. Napoléon III, en pied, d'après Édouard Dubufe, 1853, grand in-4.

45. Napoléon III, dédié à l'armée, d'après Muller, 1853, in-4.

46. Rodrigues, agent de change, accoudé à un pupitre de musique, d'après A. Scheffer, 1853, in-4.

47. Blanc de Monville (Mme) et son enfant (Edmond Blanc), d'après Éd. Dubufe, 1854, in-4.

48. Talhouet (Mme de), en pied, d'après Dubufe, 1855, in-4. — Très rare.

49. Elchingen (le Duc d'), général de brigade, d'après A. Scheffer, 1855, in-4 sans encadrement.

50. Gounod, d'après Dubufe, 1855, in-4.

51. GIRARDIN (Mme de), d'après Chassériau, 1856, in-fol.

52. MARESCHALKI (Mme), d'après Mme de Mirbel, 1858, in-12, très délicatement gravé.

53. Fould (B.), d'après Scheffer, assis sur un fauteuil, tourné à droite, 1859, in-4.

54. Marie-Antoinette et ses enfants, frontispice, d'après une miniature, in-8 ovale.

55. Joséphine (l'Impératrice), assise dans le parc de la Malmaison, d'après Prud'hon, in-4.

56. Coigniet, paysagiste, in-12. (*L'Artiste.*)

57. Bonaparte enfant, d'après Greuze, in-12.

58. Bouffé, in-18. Pour servir de frontispice à ses *Souvenirs*.

59. Regnault (Henri), peintre, 1871, in-18 sans cadre.

60. Scribe (Eugène), 1878.

61. Vignettes et planches pour les *Galeries de Versailles*, les *Classiques de la Table*, les *Paraboles* (Mitchell, Londres), la *Bible* (Charlieu éd.), les *Saintes-Femmes* (Garnier éd.), Une Soirée à l'Hôtel-de-Ville, Une Soirée chez M. de Morny, L'Empereur sortant des Tuileries, etc., etc.

BLANCHARD (Théophile), frère du précédent, peintre; a lithographié des études de paysage. Il est mort à vingt-neuf ans.

BLÉRY (Eugène), fils d'un officier supérieur du génie, est né le 3 mars 1805 à Fontainebleau, où son père était professeur de mathématiques et de fortifications à l'école militaire. Sa jeunesse se passa à Saint-Cyr, où l'école avait été transférée. Il s'essaya à dessiner, prit quelques leçons de peinture, et commença aussi quelques études d'architecture. En 1827, la comtesse de Montalivet le chargea de donner des leçons de mathématiques à son fils Charles, au château de Lagrange en Berry. Bléry y passa trois ans, utilisant ses vacances pour voyager en Auvergne, dans le Dauphiné, dans le midi de la France. L'éditeur Gaugain publia ses premières lithographies, exécutées d'après les croquis pris pendant ces voyages.

En 1830 il refusa toutes les offres d'emploi pour se consacrer à l'étude du paysage. Il voyagea en Auvergne, en Dauphiné, en Suisse, en Piémont. Passant à Lyon en 1836, il y vit les eaux-fortes de Boissieu, qui lui donnèrent l'idée de s'appliquer à ce genre de gravure. Il fut pour lui-même un critique sévère, et, mécontent de ses premières planches, n'hésita pas à les briser. (1)

Encouragé par la famille de Montalivet, aidé par des souscriptions, il put bientôt donner cours à la publication des belles eaux-fortes qui ont fait sa réputation. Ce sont exclusivement des paysages, plus particulièrement des études d'arbres, et de remarquables études de plantes élégamment groupées au goût de l'artiste. A l'exception de trois (les n°s 9, 88 et 101bis), toutes les planches de l'œuvre de Bléry sont gravées d'après ses propres dessins ou même directement d'après nature.

Son succès fut considérable et justifié, et il y a quarante ans, bien des gens allaient au Salon tout exprès pour voir ses planches. Il obtint

(1) Il est regrettable que cet exemple ne soit pas plus fréquemment suivi. Sans doute, il y a quelquefois du danger à ces destructions, et les artistes consciencieux se jugent quelquefois eux-mêmes injustement : on sait que sans Denon, Charlet effaçait ses deux plus belles lithographies, *le Voltigeur* et *le Carabinier*, mais ces cas sont rares.

Dans beaucoup d'œuvres, les pièces sans importance sont les plus nombreuses. Or, nous vivons dans le siècle de la *catalographie* : on catalogue tout avec une imperturbable sérénité. Il arrive ainsi qu'une foule d'essais, de croquaillons, décrits avec sérieux, gratifiés d'un titre, ce qui leur donne une apparence, et qualifiés de l'épithète magique de *très rare*, finissent par passer pour des pièces de valeur. Quand le *catalographe* ajoute trop naïvement que la pièce est *dans sa collection*, on voit la ficelle; mais s'il a l'esprit de ne rien dire, l'amateur confiant est égaré.

successivement toutes les médailles et fut décoré en 1846, l'époque à laquelle il a donné ses meilleures eaux-fortes.

C'est une figure digne d'estime entre toutes que cet artiste aujourd'hui âgé de quatre-vingts ans, qui est resté sur la brèche tant que ses forces le lui ont permis et qui gravait encore en 1878 : homme de très grand talent, respectueux de son art, détruisant ses planches lorsqu'elles lui semblaient défectueuses, ennemi du bruit et de la réclame mais croyant justement en lui, ne voulant dépendre d'aucun éditeur, consciencieux à l'extrême et tirant ses planches de sa propre main pour apporter tout le soin possible à leur impression.

Il a pris l'excellente précaution de former lui-même son œuvre, en épreuves de choix, pour le donner au Cabinet des Estampes (1), et d'en dresser

---

(1) Si les graveurs consentaient à recevoir de nous un conseil, nous les engagerions vivement à imiter l'exemple de Bléry, et à donner à la Bibliothèque nationale des épreuves choisies de toutes leurs planches.

Ils sont les premiers à éprouver un vif désappointement et même à se plaindre assez amèrement lorsqu'ils apprennent que la Bibliothèque ne possède pas au complet tel ou tel œuvre. Mais combien en est-il parmi eux pouvant dire qu'ils ont rempli ce que nous considérons être leur devoir envers le Cabinet des Estampes ?

A tous les graveurs nous avons adressé cette question : Mettez-vous de côté, pour la Bibliothèque nationale, des épreuves d'essai, des épreuves d'artiste de vos planches ? Presque toujours la réponse est négative.

Les uns sont insouciants et détruisent les essais de leurs planches, n'y attachant pas d'importance.

Les autres sont modestes et n'osent pas donner ce qu'ils font, parce que c'est à leur avis trop peu de chose.

Il en est même qui, mus par un sentiment difficile à analyser, amour-

un catalogue dont nous avons suivi les indications pour publier celui qui va suivre, et auquel nous donnons l'importance due au mérite de l'artiste.

---

propre froissé peut-être, disent : j'aimerais mieux déchirer mes épreuves que de les donner au Cabinet des Estampes !

Insouciance, modestie, amour-propre sont également hors de saison vis-à-vis d'un dépôt public, et déplorables.

Les graveurs devront réfléchir à ceci :

Combien de moyens a le Cabinet des Estampes de former leur œuvre ?

Trois.

Premièrement, le dépôt légal. Mais s'il est prescrit de déposer des épreuves, aucun texte ne prescrit de déposer de *belles* épreuves, et, répétons-le encore, c'est sur les belles épreuves qu'on juge les graveurs. C'est un fait universellement connu que, lorsqu'on demande à un imprimeur ce qu'il faut donner pour le dépôt, on en reçoit invariablement cette réponse : *Ce que vous avez de plus mauvais !* (textuel : cela a force de chose jugée).

Deuxièmement, les achats. Mais on comprendra facilement qu'il est impossible à un dépôt public de poursuivre et de saisir au passage, à *tout* prix, *tous* les états de *toutes* les estampes de *tous* les graveurs. Sa méthode est autre. Il attend, *patiens quia æternus*, qu'une occasion le mette en présence d'un œuvre complet de graveur, le plus souvent cette occasion se présente dans les ventes après décès. Mais il ne faut point trop y compter, et l'on court le risque de voir des collections précieuses enlevées par l'étranger, au dernier moment.

Reste le troisième moyen, évidemment le plus sûr : les dons volontaires faits par les artistes. Rien ne vaudra jamais, comme œuvre, celui que le graveur aura réuni lui-même, avec le juste souci de sa réputation présente et future, où il aura mis les beaux états de ses planches, et aussi toutes ces pièces rares, planches abandonnées, essais tirés à deux ou trois épreuves, que, sans cette occasion, l'on ne pourra plus retrouver.

Burinistes, aquafortistes, lithographes, graveurs sur bois, donnez donc, donnez généreusement au Cabinet des Estampes. Donnez à mesure que vous produisez, et pour plus de précautions formez en même temps un œuvre de réserve que vous classerez et ferez relier vous-mêmes. C'est votre intérêt et le nôtre, celui des artistes et des curieux. Ne vaut-il pas mieux offrir vos belles épreuves à notre grand dépôt national que de les distribuer, comme cela n'arrive que trop souvent, à des amis non artistes qui ne les gardent pas, à des indifférents qui n'en prennent aucun soin, ou à des admirateurs intéressés ?

Donnez aussi aux musées de province. C'est fort utile.

L'ordre de classement adopté par Bléry s'impose aujourd'hui ; car, postérieurement à 1870, il a repris toutes ses planches pour y graver des numéros d'ordre formant une double série générale, de 1 à 140 pour les paysages, de 1* à 65* pour les plantes. En dehors des épreuves inachevées, des épreuves d'état, les premières épreuves des eaux-fortes sont donc celles qui sont antérieures à ce numérotage.

Bléry fut le maître de Méryon. Celui-ci prit un jour une petite planche sur laquelle il grava à l'eau-forte les vers suivants :

A Monsieur

EUGENE BLERY

A vous Bléry, mon maître,
Qui m'avez fait connaître
Les secrets de votre art,
Qui m'avez sans retard
De votre âme fervente
Dévoilé le miroir,
Ma muse adolescente
De son unique avoir
Veut offrir le prémice ;
Souffrez qu'au frontispice
De ce modeste don
En gravant votre nom,
Pour faible témoignage
De ce que sent mon cœur,
Elle vous fasse hommage
Du fruit de son labeur.

A Méryon ft.

Imp. rue Ne St Etienne du Mont 26.

C'était peu de chose alors que cet humble tribut de reconnaissance d'un élève inconnu. Bléry changerait-il aujourd'hui contre un volume d'éloges ces quelques lignes gravées sur le cuivre par le maître de l'eau-forte moderne?

N'allez pas croire cependant que pour avoir eu un tel élève, Bléry soit un romantique et un emporté. Rien, au contraire, de plus sage que son exécution propre et nette : peut-être même aimerait-on le voir de temps en temps brutaliser son cuivre. Bléry a toujours dessiné d'après nature, et quelquefois avec l'instinct du paysage vrai, comme dans sa belle eau-forte des *Chaumières*, très remarquable pour l'époque d'où elle date (1840); mais la plupart de ses planches ont une allure prononcée de paysage historique; sa campagne est peuplée non de paysans, mais de « figures », et s'il y met des constructions, ce ne sont point des fermes, mais des « fabriques pittoresques ». Bléry, élève de Boissieu par influence, est presque un graveur du XVIIIe siècle qui a vécu parmi nous. Mais dire que Bléry procède de Boissieu, ce n'est pas dire qu'il se soit borné à l'imiter : il fut parfaitement original. Rapprochons donc les deux noms, sans nous évertuer à comparer les deux œuvres. (Trop souvent, d'ailleurs, la comparaison n'est qu'une des pires perfidies de la critique.)

LES EAUX-FORTES

D'EUGÈNE BLÉRY

I. — PAYSAGES

1-6. La planche dite *aux fragments*, six pièces in-8.

1. Les Branches de chêne. — D'un gros tronc de chêne dont le pied est dans l'angle à droite, sortent des branches mouvementées qui s'étendent vers la gauche, et dont la plupart sont coupées par le trait carré. — *N° 1.*

2. La petite Forêt. — Quatre arbres, coupés par le trait carré, occupent le milieu de l'estampe. Au coin à droite, un vieux tronc d'arbre. Fond sombre et boisé. — *N° 2.*

3. Les Chéneaux. — A gauche, appuyés contre des rochers, des chéneaux viennent aboutir dans un tonneau qui approche de l'angle droit de l'estampe. Une roche, placée à droite au sommet du terrain du second plan, se lie à des arbres qui occupent le fond de la composition. — *N° 3.*

4. Le petit Dessous de Bois. — Un premier plan entièrement dans l'ombre où se voient des rochers à gauche, et des groupes d'arbres à droite, coupés par la bordure. Fond de bois; effet de soleil.—*N° 4.*

5. Les petits Terrains. — Sur la gauche, un massif d'arbres dans l'ombre; au second plan au milieu, un terrain éclairé; au fond, de jeunes arbres sur un tertre. Ciel nuageux. — *N° 5.*

6. Les deux Bouleaux. — A gauche, deux bou-

leaux au sommet d'un terrain en penté, derrière lequel s'élèvent deux hêtres dans l'ombre. Jeunes bouleaux au fond à droite. — *N° 6.*

7-13. EAUX-FORTES, PAR EUGÈNE BLÉRY, *à Paris, chez l'auteur, rue St André des Arts, 59,* **1838**, suite dite *des sept planches*, six planches in-4 en largeur ou en hauteur, toutes signées et datées de 1838 et portant un titre tracé à la pointe, et une vignette de titre.

1. *Vue prise à Granges dans les Cévennes.* — En largeur. — Pont à deux arches, fabriques à droite; au premier plan, un bachot dans des roseaux. — *N° 7.*

2. *A Faverges près d'Annecy.* — En hauteur. — A gauche, des rochers surmontés d'arbres; au milieu, un bouquet d'arbres au pied duquel on voit des fabriques. A droite, sur une hauteur, habitations, clocher, etc. — *N° 8.*

3. *A St Julien près Bonneville.* — En hauteur. — Du pied d'un massif d'arbres, à gauche, se dirige une prise d'eau vers une fabrique placée derrière un arbre isolé. Au premier plan, des laveuses au bord d'un ruisseau. — *N° 9.*

4. *(Dauphiné). A Fourvoirie près la grande chartreuse de Grenoble.* — En hauteur. — Un pont d'une seule arche, fabriques pittoresques; à gauche, massif d'arbres dominant le pont; à droite, des hauteurs. — *N° 10.*

5. *A St Cernin près d'Aurillac.* — En largeur. — A droite, massifs d'arbres sur un terrain qui

s'élève, ruisseau tombant en cascade; au milieu une grosse roche, à gauche trois personnages au bord du ruisseau, au fond indication d'une montagne. — *N° 11.*

6. *Vue de Montreux et du Château-Chillon sur le lac de Genève.* — En largeur. — *N° 12.*

7. La pièce ovale au Pont de bois, vignette sur le titre de la suite. — In-8 en largeur. — Petit paysage : un pont de bois sur un ruisseau, avec des arbres sur la rive, à gauche. — *N° 13.*

14. LE PONT DE DORIEU, près de Lyon, d'après Duclaux. — In-fol. en largeur. — Pont de planches soutenu par des chevalets et au milieu par une pile en ruines. Près de la pile, une femme sur le pont, portant un fardeau, et devant elle, deux moutons; grands arbres à droite; dans la rivière, à gauche, une femme portant un chevreau, etc. — *N° 14.*

15-17. TROIS GRANDES ÉTUDES D'ARBRES, signées et datées de 1839. — Petit in-fol. en hauteur.

1. Le grand Bouleau. — A gauche, un bouleau, sur le bord d'un chemin sinueux; à droite, au fond, de jeunes bouleaux. — *N° 15.*

2. Les trois Chênes. — Trois chênes élancés sur un tertre en pente; au milieu, un chemin; à gauche un tertre, un vieillard assis sur un arbre coupé, une jeune femme et un enfant; au fond, la plaine. — *N° 16.*

3. Les Hêtres. — A droite, trois hêtres élancés, sur un tertre; à leur pied de gros rochers; à

gauche un chemin se perdant sous des arbres ; un fond de plaine. — *N° 17*.

18. Les vieux Chênes. — In-4 en largeur. — Les chênes, de forme tourmentée, occupent le milieu de l'estampe ; dans le fond à gauche, derrière de petits arbres, la plaine. — Signé, daté 1839. — *N° 18*.

19. Les petits Moulins d'Allevard. — In-8 en largeur. — Fabriques pittoresques, avec deux roues mues par une prise d'eau venant de gauche. — Signé et daté de 1840. — *N° 19*.

20-27. ÉTUDES DESSINÉES ET GRAVÉES D'APRÈS NATURE, huit paysages de format in-4 en hauteur ou en largeur, signés et datés de 1840.

1. Les Chaumières, temps d'hiver. — En hauteur. — A droite une série de chaumières pittoresques, derrière lesquelles passent les cimes d'arbres sans feuilles ; une échelle est appliquée contre ces chaumières. Sur le chemin, au milieu, un paysan debout et une femme assise tenant un petit enfant. — *N° 20*.

C'est une des plus belles eaux-fortes de l'œuvre.

2. L'Orme. — En hauteur. — L'arbre est au milieu de la planche ; au pied, deux figures dont une assise ; à gauche, un tronc d'arbre brisé. — *N° 21*.

3. Les Buissons d'épine. — En largeur. — Les buissons occupent la gauche et le milieu de l'estampe. Au premier plan à gauche, des roches ; d'autres roches tout à fait à droite, et au dessus de ces dernières une hauteur boisée. — *N° 22*.

4. Le Bouleau. — En hauteur. — L'arbre est

sur la gauche de la composition, près de son pied sont deux grosses roches; à droite, au fond, un groupe d'arbres dominé par un arbre mort. — Signé et daté de 1840. — *No 23.*

5. Le Hêtre. — En hauteur. — L'arbre occupe le milieu de la composition; à son pied, à gauche, une grosse roche, plus à droite une autre roche et un petit arbrisseau; à gauche, au fond, de petits arbres dans l'ombre. — *No 24.*

6. Les Chênes. — En largeur. — A droite, trois gros chênes; à gauche un autre chêne coupé par la bordure de l'estampe; au premier plan, un chemin qui tourne; au fond, le bois. — *No 25.*

7. Le Genévrier. — En hauteur. — L'arbre occupe la partie gauche de la planche, et ses branches viennent jusque vers la droite, couvrant une sorte de chemin creux; à droite une roche basse et des buissons. — *No 26.*

8. L'Entrée de forêt. — En largeur. — Au milieu, trois chênes réunis en un seul tronc; à gauche et au fond, des arbres; à droite, d'autres arbres et des roches. — *No 27.*

9 et 10. A ces huit paysages s'ajoutent les deux études de plantes cataloguées sous les nos 141 et 142 (la Bardane et la Patience d'eau).

28. Le vieux chêne aux mares de Bellecroix. — In-fol. en largeur. — A gauche un gros tronc de chêne à demi dépouillé de ses feuillés. Puis, vers la droite, d'autres arbres, un berger et son chien, une mare où s'abreuvent deux vaches; à droite, dans la campagne, une croix. — Signé, puis daté de 1843. — *N° 28.*

29. LE MOULIN DE MONTREUX. — In-4 en largeur, presque carré.— C'est un moulin pittoresque occupant tout le milieu de l'estampe, avec deux roues mues par des prises d'eau. Derrière le moulin, à gauche, une montagne assez élevée. — Signé et daté de 1843. — *N° 29.*

30-34. ÉTUDES GRAVÉES D'APRÈS NATURE; cinq pièces de divers formats in-4, datées de 1842, signées, avec l'indication : *d'après nature à Fontainebleau.*

1. Les Hêtres au rocher. — En hauteur. — Les hêtres sont sur un terrain qui monte vers la droite. Dans l'angle gauche de l'estampe, une grosse roche coupée par le trait carré. — *N° 30.*

2. Les Chênes dans la plaine. — En largeur. — Les chênes sont à gauche et au milieu de l'estampe. Au premier plan, à gauche, une petite mare ; à droite, un chemin où passe un homme suivi d'un chien. — *N° 31.*

3. Les Chênes sur la butte. — En largeur. — Les arbres sont à droite et au milieu ; à gauche un petit troupeau de vaches. — *N° 32.*

4. Les deux Chênes à Fontainebleau. — En largeur. — L'un est à gauche, l'autre à droite vers le milieu, le terrain est mamelonné, il y a des buissons à droite et des arbres dans le fond. — *N° 33.*

5. Le Chêne à la mare.— En largeur.— L'arbre

est au second plan ; au premier se trouve une petite mare, dans laquelle est entré un homme qui plonge dans l'eau un filet, en se baissant. — *N° 34.*

35. Le Torrent. — In-fol. — Un cours d'eau vient du fond vers le premier plan, formant une cascade qui occupe le milieu de l'estampe. Grands arbres à droite, à gauche et au fond ; indication de deux personnages dont l'un entre dans la rivière. — Signé et daté de 1843. — *N° 35.*

36-43. Souvenirs pittoresques, huit petites eaux-fortes, in-8 en largeur, datées de 1843. — Titre lithographié.

1. Le Feu. — Trois personnages et un chien près d'un feu, dans une forêt, la nuit. — *N° 36.*

2. Le Vent. — Arbres agités par le vent ; au fond, à droite, nuage de poussière ; au premier plan, deux figures. — *N° 37.*

3. Le Ravin à la nappe d'eau. — Une rivière vient se briser en cascade au premier plan ; à droite, des arbres ; à gauche, au fond, des montagnes. — *N° 38.*

4. Les petits Chênes au bord du lac. — A droite un bouquet de chênes, à gauche un ruisseau allant vers le fond où l'on voit un lac, et sur la rive droite, deux petites figures. — *N° 39.*

5. Le Torrent au sapin. — Un torrent coulant entre deux rives boisées ; au premier plan, en travers du torrent, un sapin. — *N° 40.*

6. Les petites Chaumières. — Série de chaumières, sur la gauche; une échelle est dressée contre leur mur; à droite une mare, indication de trois figures. — *N° 41.*

7. La petite Scierie. — Fabrique pittoresque avec une roue hydraulique, sur le bord d'un torrent; à droite, des arbres; au fond, à gauche, des montagnes; au premier plan, deux figures. — *N° 42.*

8. La Laveuse. — Un petit arbre, venant de la droite et poussant vers la gauche, s'appuie sur une grosse pierre. Au premier plan, à gauche, une femme lavant du linge au ruisseau. — *N° 43.*

44. Le vieux Chêne a la figure assise. — In-fol. — L'arbre est au premier plan à droite, un homme est assis à son pied. A gauche une mare, et dans le fond un berger conduisant deux vaches. — Signé et daté de 1844. — *N° 44.*

45. Le grand Dessous de bois. — In-fol. en largeur. — Au fond le bois, sur un terrain en pente qui monte vers la gauche. Au premier plan, des roches. Au milieu, le terrain est très vivement éclairé par le soleil. — Signé et daté de 1844. — *N° 45.*

46. Le Chêne au paysage ou a la cabane. — In-fol. en largeur. — L'estampe se reconnaît facilement à une petite cabane en planches qui se trouve au milieu, sur le bord d'un cours d'eau. Au premier plan est un bachot avec deux figures, dont une assise. — Signé et daté de 1844. — *N° 46.*

47-47bis. Souvenirs du Dauphiné, deux planches petit in-fol., signées et datées de 1845.

1. Le Gué. — Un ruisseau vient du fond vers le premier plan. Au fond, un pont d'une seule arche. Au milieu de l'estampe, près de deux grands arbres, un homme portant un paquet sur le dos, s'apprête à passer le ruisseau à gué. — *No 47*.

2. Le Chemin des Chartreux à Fourvoirie. — Chemin dans un bois, à gauche un talus de roches escarpées; au pied de ces roches, un paysan et une bonne femme assise sur un tronc d'arbre. — (Bléry ne semble pas avoir donné de numéro d'ordre à cette planche.)

48-55. Huit Eaux-fortes gravées sur nature par Eugène Bléry. — Ces eaux-fortes sont de format in-8 ou in-4, signées, avec l'indication : *Sur nature à Fontainebleau*.

1. Le Tronc de hêtre à Fontainebleau. — In-8 en hauteur. — C'est un gros tronc creux qui se divise en deux et penche vers la gauche.— *No 48*.

2. Le Charlemagne. — In-8 en hauteur. — Le vieux chêne est au premier plan ; à droite on voit deux hommes dont l'un est assis à terre.— *No 49*.

3. Le Chemin dans les bouleaux. — Petit in-4 en hauteur. — Le chemin passe entre des bouleaux dont les têtes sont coupées par le trait carré. — *No 50*.

4. Le Hêtre mort. — Petit in-4 en hauteur. — Sur un tertre, à gauche, plusieurs arbres, parmi

lesquels un hêtre dont la tête est dépouillée de ses feuilles. Le ciel, dans l'angle droit, est blanc. Au bas, à droite, un autre tertre. — *N° 51.*

5. Les Roches du nid de l'aigle à Fontainebleau. — Petit in-4 en largeur. — Les roches occupent toute l'estampe ; dans une coupure, au milieu, pousse un petit bouleau. Indication d'une marc au premier plan. — *N° 52.*

6. Le vieux Chêne du nid de l'aigle. — Petit in-4 en largeur. — L'arbre occupe toute l'estampe. Derrière lui, d'autres arbres ; dans le fond, à droite, indication d'une plaine. — *N° 53.*

7. Les deux Troncs de chêne. — Petit in-4 en largeur. — A gauche, indication d'une mare ; à droite, sur un tertre, deux gros troncs de chêne dont les branches sont toutes coupées par le trait carré. — *N° 54.*

8. Le Hêtre mort au voyageur. — Petit in-4 en largeur. — A droite de l'arbre est un chemin qui monte ; au sommet du chemin, commençant à redescendre, un homme portant un paquet. — *N° 55.*

56. Les deux Hêtres de la vallée de la Solle a Fontainebleau. — In-4 en largeur. — Les deux arbres sont à droite, coupés par le trait carré. A gauche, de petits arbres ; au milieu, trois figures près d'un buisson, et de l'autre côté du buisson, un poteau en croix. Signé *Bléry sculp. sur nature à Fontainebleau*, et daté de 1845.

Au revers de cette planche a été gravé le titre des huit eaux-fortes nos 48 à 55.

57. LES CHÊNES AU RAVIN. — Petit in-fol. en largeur, presque carré. — Les chênes sont au second plan à gauche ; devant eux, un tertre nu, à droite duquel est le ravin. A gauche, près du trait carré, indication d'une chaumière. A droite un berger, trois vaches et un chien, et indication d'un village. — Signé et daté de 1845. — *N° 57*.

58-64. VUES PITTORESQUES A L'EAU-FORTE, PAR EUG. BLÉRY, **1846**. Six pièces de format grand in-8 en hauteur ou en largeur, et une vignette de titre, signées et datées de 1846, et portant un titre tracé à la pointe.

1. *Moulin près d'Alby en Savoie*. — En largeur. — Le moulin est à droite. Au milieu, arbres et roches ; à gauche, indication de deux figures, dans le fond. — *N° 58*.

2. *Près de Coudes, bords de l'Allier (Auvergne)*. — En largeur. — La rivière au fond, à gauche ; un chemin passant sur un ponceau à deux arches ; sur le chemin à droite, indication d'une femme et d'un enfant. Dans le fond, des hauteurs. — *N° 59*.

3. *Ruines du château de Chapotais en Bujey*. — En largeur. — Ruines pittoresques, tours rondes avec toits pointus, etc. — *N° 60*.

4. *Au Ravin de la Faille (Auvergne)*. — En largeur. — Un dessous de bois touffu, avec un ruisseau qui vient vers le premier plan à droite. Au fond, indication d'une femme portant un fardeau et d'un enfant. — *N° 61*.

5. *Moulin de St-Didier (Savoye)*. — En hau-

teur. — Le moulin occupe le fond. Un grand arbre mort au premier plan, à droite. — *N° 62.*

6. *Près St-Rambert (Bujey).* — En hauteur. — Au pied d'un arbre, un hangar couvert en chaume, sous lequel est remisée une charrette. Une charrue, etc. — *N° 63.*

7. Le petit ovale au pin, vignette de titre. — In-12 en largeur. — Pont d'une seule arche; à droite, un pin; fond d'arbres; à gauche une construction. — *N° 64.*

65-69. QUATRE PAYSAGES A L'EAU-FORTE PAR EUG. BLÉRY, **1846**. Suite de quatre pièces dessinées directement d'après nature, in-4 en hauteur ou en largeur, et d'une vignette de titre, signées et datées de 1846.

1. Le Chemin de la ferme. — En largeur. — La ferme est dans le fond à droite. A gauche, devant des arbres, une mare où est un bachot avec deux figures. Sur le chemin, un casseur de cailloux assis près d'une meule. — *N° 65.*

2. La Sablière. — En hauteur. — Arbres sur une sablière à gauche. Au fond, un village avec un clocher très pointu. Au premier plan un chemin creux, sur le bord duquel est assis un homme qui dessine. — *N° 66.*

3. Le Moulin de la Roche. — En largeur. — Le moulin est à droite, attenant à un pont d'une arche avec une vanne. A gauche, des roches et des arbres. Au fond, indication de montagnes. — *N° 67.*

4. Le Ruisseau de Senlisse près Dampierre. — En hauteur. — Le ruisseau vient en cascade vers le premier plan. A gauche et dans le fond, des arbres. — *N° 68.*

5. L'ovale aux trois chênes, vignette de titre.— In-8 en largeur. — A droite, trois chênes ; au milieu, une fabrique et un ponceau à deux arches ; au fond un lac ; à gauche des rochers et des arbustes. — *N° 69.*

70-75. Suite de 8 eaux-fortes gravées sur nature près Dampierre par Eug. Bléry.— Ces huit petites pièces, in-8 ou in-4, sont signées dans le haut des planches, datées de 1849, et portent un numéro d'ordre de 1 à 8 dans l'angle supérieur droit.

1. La Chaumière au puits. — In-8 en largeur.— La chaumière est à gauche, surmontée d'arbres ; le puits, au premier plan à droite. — *N° 70.*

2. Les Roches blanches.— Petit in-4 en largeur. — Dans un bois, une grosse roche occupant le milieu de l'estampe ; à droite une autre grosse roche en surplomb ; d'où tombent deux lianes. — *N° 71.*

3. L'Arbre aux racines. — In-8 en largeur. — Dans une forêt, on voit au premier plan plusieurs troncs d'arbres, dont les grosses racines sont apparentes. — *N° 72.*

4. La Chaumière au poirier. — In-8 en largeur. — La chaumière est au milieu de l'estampe ; devant elle, un grand arbre dont la tête est coupée par le

témoin de la planche. Au premier plan à gauche, indication d'une mare. — *N° 73*.

5. Le Chemin de Garnes. — In-4 en largeur. — Un chemin, bordé des deux côtés par des chaumières vient du fond jusqu'au premier plan. Dans fond, l'on voit des arbres élevés. — *N° 74*.

6. Voyez N° 155.

7. Voyez N° 156.

8. Le Ruisseau au petit chêne. — In-8 en hauteur. — Du fond d'un bois épais vient au premier plan un petit ruisseau qui tombe en cascade, entre des plantes qui occupent l'angle inférieur gauche, et des roches à droite de la planche. — *N° 75*.

76. Les Chênes du vaux de Cernay près de Senlisse. — In-fol. en largeur. — Vers la droite des massifs d'arbres, qui s'étendent jusqu'au milieu de l'estampe, sont placés sur des terrains sablonneux et mouvementés que coupent çà et là des touffes d'herbes et des buissons, et qui occupent tout le premier plan. A gauche un chemin creux où se trouvent des vaches et deux figures. Fond de plaine. — Signé, et plus tard daté de 1849. — *N° 76*.

77. Le Ravin de Senlisse. — In-fol. en largeur. — La vue est entièrement bornée par des arbres variés, plantés sur des tertres accidentés entremêlés de rochers. Un ruisseau arrive du fond vers le premier plan. A droite, un troupeau et deux figures. A gauche, un moulin avec sa roue, etc. — Signé et daté de 1850. — *N° 77*.

78-83. ALBUM DE SIX PIÈCES GRAVÉES SUR NATURE PRÈS DAMPIERRE PAR E. BLÉRY, **1850**. Six petites pièces in-8 ou in-4, toutes en largeur.

1. Le Ruisseau aux deux arbres. — In-4. — Le ruisseau arrive du fond au premier plan. Au dessus de lui surplombent deux gros arbres accouplés, dont les cimes sont coupées par la bordure. A gauche, des plantes; à droite, dans l'angle inférieur, des roches. Dans l'angle supérieur droit : *EBléry 1.* — *N° 78.*

2. Les petites Cascades. — In-8. — Elles sont formées par un ruisseau qui vient du fond au premier plan. On remarque sur le devant une planche posée en travers du ruisseau; à gauche, plus au fond, une vanne; à droite, des arbres. Dans l'angle supérieur droit : *EBléry 2.* — *N° 79.*

3. Le Moulin de l'étang. — In-4. — Au premier plan, à gauche, un arbre; à droite une roche et des arbres : par l'ouverture des feuillages on aperçoit un étang, avec une chaumière à gauche, et à droite un chemin qui s'enfonce entre des arbres. Signé dans le bas de la planche, au milieu : *EBléry 3.* — *N° 80.*

4. Le Ruisseau à la roche plate. — In-8. — Le ruisseau arrive du fond en cascade. A gauche de la planche, des arbres; à droite, une grosse roche. Au milieu du premier plan, un gros arbre.—Signé au bas de la planche, sur le terrain : *4 EBléry.* — *N° 81.*

5. La Mare aux châtaigniers. — In-4. — On remarque à gauche un bachot, et à droite un

pêcheur à la ligne. — Signé à l'angle supérieur droit : *E. Bléry. 5.* — *N° 82.*

6. La Source. — In-4. — Elle sort d'une grotte formée par un gros banc de rochers. Arbres à gauche et à droite. — Signé dans l'angle inférieur gauche : *E. Bléry S. 6.* — *N° 83.*

84-87. Suite de quatre paysages, in-4, signés, datés de 1851 et portant un titre.

1. *Vue du château de Nemours.* — *N° 84.*

2. *Le Pont de Sassenage près Grenoble.* — *N° 85.*

3. *Rives de la Dore (Auvergne).* — *N° 86.*

4. *Vallée du Grésivaudan à Sassenage.* — *N° 87.*

88. Le Ruysdaël, paysage in-4 en largeur, forêt avec un chemin tournant qui occupe le premier plan et s'enfonce sur la droite, signé *E. Bléry sculp. aq. forti d'après le dessin original de Ruysdaël, tiré du Cabinet de Monsieur Simon, 1851.* — *N° 88.*

89. Les Chênes de l'étang de Cernay près de Senlisse. — In-fol. en largeur. — Au second plan, une suite de chênes dont un très grand occupe le milieu de l'estampe. Au fond à gauche, sur une colline, une tour ruinée. Au premier plan un étang, deux figures, et dans l'ombre une figure assise avec des moutons et un chien. — Signé et daté de 1852. — *N° 89.*

90-101. Recueil de paysages a l'eau-forte, cahier par Eug. Bléry, 12 pièces in-4 de formats variés.

1. Le Bouleau penché. — En hauteur. — Le bouleau part de la gauche de la planche, s'élançant vers la droite, au dessus d'une petite mare. Le haut de l'arbre est coupé par le trait carré.— Signé et daté dans l'angle supérieur droit. — *N° 90.*

2. Le Bois de la Roche. — En largeur. — Dans un bois dont tous les arbres sont coupés dans le haut par le témoin de la planche, est une grosse roche. Devant cette roche, à gauche, passe un gros tronc d'arbre. — Signé et daté au bas, à gauche. — *N° 91.*

3. Le Merisier à la mare.— En largeur.— Sous l'arbre, une laveuse. A droite, un bachot. Au fond à gauche, indication de deux petites figures. — Signé en haut à gauche, daté à droite. — *N° 92.*

4. Le Hangar à la vanne. — En largeur. — Au pied d'une colline boisée, devant un petit hangar, on voit une charrette et une vanne. — Signé au bas à gauche, daté à droite. — *N° 93.*

5. Le Pignon. — En largeur. — Chaumière à droite, au bord d'un étang qui occupe le milieu et la gauche de l'estampe. Au fond, un bachot; à gauche, sous un abri, indication d'une très petite figure lavant du linge. — Signé au bas à gauche. — *N° 94.*

6. Les Caves. — En largeur. — Deux portes de caves, dont une ouverte, dans des roches surmon-

tées d'arbres et de chaumières. — *Bléry del. sc. impressit.* — *N° 95.*

7. Les trois Arbres. — En largeur. — Trois hêtres réunis sont au milieu du premier plan; leur cime est coupée par le trait carré. Au fond à droite, un étang, et deux figures assises sur l'herbe. — *Bléry del. sc. impressit.* — *N° 96.*

8. Le Lavoir. — En largeur. — Petite mare entourée de très grosses roches, dans un bois. Aucune indication de figure. A droite un petit ponceau. — Signé dans l'angle inférieur gauche. — *N° 97.*

9. Le Château dans la plaine. — En largeur. — *Bléry del. & sculp^t, impressit, Place St André des Arts 11.* — *N° 98.*

10. Les Chaumières de la Rimorlière près Chevreuse. — En largeur. — Deux chaumières à droite de la composition. A gauche, un ponceau. Au dessus et plus au fond, indication de deux figures. — *Bléry del. sc. impressit.* — *N° 99.*

11. Le Déversoir. — En hauteur. — Sous l'arche d'un pont, des eaux, retenues par un mur, s'échappent en plusieurs filets et tombent en cascade. Arbres au fond et à droite. Deux figures sur le pont. — *Bléry sculp. s. nat. 1853.* — *N° 100.*

12. Le Pont de la croix. — En hauteur. — Petit pont d'une arche, surmonté d'une croix. A gauche, une fabrique au pied d'une cascade. — Signé et daté au bas à gauche. — *N° 101.*

101bis. INTÉRIEUR DE FORÊT, d'après Hobbema. — In-fol. en largeur. (Chalcographie.)

102. LE VIEUX CHÊNE AU BOIS DE BOULOGNE. — In-fol. en hauteur. — L'arbre, dont plusieurs branches hautes sont mortes, occupe presque toute la hauteur de la planche. Au pied du chêne, à droite, deux figures dont l'une assise sur l'herbe, et à gauche une barrière. — Daté dans le haut à gauche *1856*, signé à droite. — *N° 102*.

103. LE TERTRE AU BOUQUET DE CHÊNES (c'est à peu près le même sujet que *les Chênes au ravin*, n° 57, mais en hauteur). — In-fol. — Signé au bas à gauche, daté à droite *1856*. — *N° 103*.

104. LE MOULIN ET LA CASCADE DE GRÉSY PRÈS AIX-LES-BAINS. — In-fol. en hauteur. — Le moulin est à gauche, la cascade au fond. A droite, sur des roches très hautes, des constructions. — Signé à gauche, daté à droite *1856*. — *N° 104*.

105-107. Trois études prises à Fontainebleau, in-4.

1. Le vieux Chêne aux roches. — Dans un intérieur de forêt, un vieux chêne incliné. Roches à droite et à gauche dans le fond. — Signé et daté de 1859. — *N° 105*.

2. Le Chemin dans le bois. — Un chemin se dirige vers le fond, passant dans des arbres coupés par le trait carré. — Signé et daté de 1860. — *N° 106*.

3. Les deux gros Chênes. — Les deux arbres sont coupés au trait carré. — Signé et daté de 1860. — *N° 107*.

108. Les Bords du Loing près Nemours. — In-4 en largeur. — A gauche, des arbres ; au milieu la rivière, à droite des rochers ; constructions dans le fond. Au premier plan, des vaches et une figure. — Signé et daté de 1860 ; titre de la pièce tracé à la pointe. — *N° 108.*

109. Lisière de bois a Rambouillet. — In-4. — Un ruisseau dans un site rocheux et boisé. Deux arbres penchés au second plan ; un bouquet de plantes au milieu. — Signé et daté de 1860. — *N° 109.*

110-113. Les quatre Ruisseaux. — Quatre pièces in-4 en largeur.

1. Le Ruisseau aux deux arbres penchés.— Les deux petits troncs d'arbres partent de la droite et se dirigent brusquement vers la gauche.— *N° 110.*

2. Le Ruisseau au sureau en fleurs.— Le sureau est indiqué à gauche. A droite, des roseaux, etc. — *N° 111.*

3. Le Ruisseau au frêne. — Ruisseau en cascade venant de droite à gauche. Dans l'angle supérieur droit passe un tronc de frêne. — *N° 112.*

4. Le Ruisseau à la roche aux lianes, ainsi appelé d'une liane qui tombe près du témoin de la planche à droite. — *N° 113.*

114. Le Charlemagne et le Roland, forêt de Fontainebleau. — In-fol. — Signé et daté de 1861. Au bas, le titre tracé à la pointe. — *N° 114.*

115. Le Bouquet d'arbres ou les Tilleuls (souvenir de la Sarthe). — Petit in-fol. en largeur. — On voit, à gauche, une figure assise près d'un petit ponceau, au milieu des arbres. A droite, indication d'un homme assis, avec un paquet posé à sa gauche. — Signé et daté de 1861. — *N° 115.*

116. La Lisière de forêt ou la haute futaie (souvenir d'Évian). — Petit in-fol. en largeur. — On remarque à droite deux figures assises, vues de dos, et dont l'une dessine. — Signé et daté de 1861. — *N° 116.*

117. LE GROS TRONC DE HÊTRE (vivement éclairé sur la droite). — Cette belle eau-forte se reconnaît à son format ovale en largeur, petit in-fol. — Signé et daté de 1862. — *N° 117.*

118. Le Moulin d'Enjubert (Sarthe). — In-fol. — Le moulin est à gauche avec une grande roue; un homme est assis sur une petite barrière. A droite, des arbres, une femme assise, un enfant; au premier plan, un pont de bois avec une vanne. — Signé et daté de 1862. — *N° 118.*

119. LE CHÊNE ET LE ROSEAU. — Cette belle planche est facile à reconnaître à sa forme ovale, in-fol. en largeur. — Signé et daté de 1862. — *N° 119.*

120. Intérieur de forêt a Fontainebleau. — In-fol. en largeur. — On voit passer au bout d'un chemin tournant, sous les grands arbres, un chasseur précédé de son chien. — Signé et daté de 1865. — *N° 120.*

121. LA CLAIRIÈRE AUX ROCHES. — In-4. — Sous des arbres dont la tête est coupée par le trait carré, on voit au milieu de la planche, au bord d'un chemin qui monte, une roche blanche très éclairée. Coup de soleil sur les troncs d'arbres à gauche. — Signé et daté de 1865. — *N° 121.*

122. LE RUISSEAU A LA ROCHE PLATE. — Grand in-4. — Ce ruisseau s'échappe en bouillonnant d'un banc de grosses roches sur lequel sont des arbres. — Signé et daté de 1866. — *N° 122.*

123. LE PONT AUX ROCHES. — Grand in-4. — Un pont d'une seule arche, auquel on accède à droite par une rampe, et sous lequel est un déversoir. Sur le pont, deux figures. Arbres au fond et montagne à droite. — Signé et daté de 1867. — *N° 123.*

124. LES DEUX POIRIERS. — In-4 en largeur. — A droite une chaumière, une femme et un petit enfant; plus au milieu, les deux arbres. Au fond, un homme portant une faux. — Signé et daté de 1866. — *N° 124.*

125. LE HANGAR AU VIEUX CHÊNE. — In-4 en largeur — Un abri en chaume près d'un bouquet d'arbres. Au fond, à gauche, une figure accoudée à une petite barrière. — Signé et daté de 1867. — *N° 125.*

126. LE CHÊNE AUX ROCHES DE L'ÉTANG. — In-fol. en largeur. — Le chêne est sur un tertre à droite. Devant lui, des roches. A gauche, un cours d'eau avec deux bachots, et dans l'un un homme qui pousse sur une gaffe, et une femme assise. — Signé et daté de 1875. — *N° 126.*

127. La Clairière. — In-fol. en largeur. — Sous une haute futaie de hêtres et de chênes dont le sommet est coupé par le trait carré, on voit des tertres accidentés, en partie éclairés par le soleil, ainsi que des troncs d'arbres. Au premier plan, à gauche, une figure assise dans l'ombre. Sur le devant, de l'eau. — Signé et daté de 1867. — *N° 127*.

128-131. Quatre études prises a Fontainebleau, signées et datées de 1867.

1. Les Bouleaux dans les rochers. — In-4 en largeur. — Les deux arbres partent d'un seul tronc, à droite de la planche, et leur feuillage est coupé par le trait carré. Au premier plan, au milieu, une grosse roche blanche. Dans tout le fond, un chaos de rochers. — *N° 128*.

2. La Mare à Piat. — In-4 en largeur. — Cette petite mare, au milieu de laquelle sont des roches plates, est entourée d'arbres. Au fond, deux petites figures, dont une laveuse. — *N° 129*.

3. Le gros Hêtre au rocher. — In-4 en hauteur. — Un très gros hêtre au milieu de l'estampe, sur la droite, derrière deux grosses roches blanches. Dans l'angle gauche, une autre grosse roche. — *N° 130*.

4. La Futaie de hêtres au nid de l'aigle. — In-4 en largeur. — A gauche, deux groupes de hêtres. A droite, quatre chênes réunis par le pied, et indication d'une figure assise. — *N° 131*.

132. Le vieux Chêne aux deux vaches. — In-fol. en largeur.— L'arbre est à gauche, à son pied deux vaches gardées par une femme, et un chien. A droite, au bord d'un chemin, un homme assis. — Signé et daté de 1868. — *N° 132.*

133. La Rencontre dans le ravin. — In-fol. en largeur. — Un vieux paysan, appuyé sur son bâton, parle à une jeune femme assise sur un âne. Son chien se livre à des démonstrations de joie.— Signé et daté de 1869. — *N° 133.*

134. Le Banc de rochers abandonné. — In-fol. en largeur. — Au fond, des arbres, avec l'indication de deux enfants. Au premier plan, un gros banc de rochers de grès brisés. — Signé et daté de 1870. — *N° 134.*

135. Vue du chateau et du clocher de Nemours, au bord de la rivière. — Petit in-fol. en largeur. — Signé et daté de 1870. — *N° 135.*

136. La Ferme de Malvoisine près Senlisse. — In-4 en largeur. — A gauche, un hangar. Au milieu, entre deux grands poiriers et derrière un arbre plus petit, on aperçoit la toiture pointue d'un colombier. Une mare est au premier plan, avec une femme lavant du linge, et un enfant. — Signé et daté de 1874. — *N° 136.*

137. Bords de la rivière d'Epte. — In-fol. en largeur. — A gauche, au milieu d'arbres, une fontaine avec un petit abreuvoir. A droite, la rivière venant du fond et formant cascade au premier plan. Au milieu, une figure assise, vue de dos. — Signé et daté de 1872. — *N° 137.*

138. LISIÈRE DE FORÊT AU VIEUX CHÊNE. — In-fol. en largeur. — La forêt est à droite, et au premier plan on voit un gros chêne mort. A gauche, rivière et cascade. Au milieu, sur un chemin, un petit bonhomme appuyé sur un bâton et portant un paquet. — Signé et daté de 1875. — *N° 138.*

139. LE PLATEAU DE BELLECROIX A FONTAINEBLEAU. — In-fol. en largeur. — A gauche, un vieux chêne. Au milieu, deux chênes touffus. Au premier plan, une mare. A gauche, un homme s'éloignant, chargé d'un fardeau. — Signé et daté de 1875. — *N° 139.*

140. LA CASCADE DE SASSENAGE. — In-fol. — Cette grande cascade tombe dans une gorge de rochers. — Signé et daté de 1877. — *N° 140.*

II. — PLANTES.

141-142. DEUX ÉTUDES, faisant partie de la suite inscrite plus haut sous les nos 20-27. Elles sont in-4 en largeur et portent la date de 1840.

1. Bardane et Bryone. — *N° 1*.*
2. Patience d'eau à la petite vanne. — *N° 2*.*

143-146. LES QUATRE GRANDES PLANTES, quatre très belles planches in-fol. en largeur, datées de 1842 et 1843.

1. La grande Bardane au tronc de hêtre, 1842. — *N° 3**.

2. Les grands Tussilages, 1843. — *N° 4**.

3. Le grand Chardon, 1843. — *N° 5**.

4. La Patience d'eau et la Ronce à la vanne, 1843. — *N° 6**.

147-152. PLANTES VARIÉES, PAR EUGÈNE BLÉRY, six jolies pièces, de format petit in-4, portant la date de 1845.

1. Roseaux et Bryone. — En largeur. — *N° 7**.

2. La Fougère au plantain d'eau. — En largeur. — *N° 8**.

3. La Bardane au terrain. — En largeur. — *N° 9**.

4. Ronce et Lierre. — En hauteur. — *N° 10**.

5. Les petits Tussilages. — En largeur. — *N° 11**.

6. La Vigne au puits. — En hauteur. — *N° 12**.

153-154. LES DEUX GRANDES PLANTES, deux planches in-fol. en hauteur, datées de 1848. — Très belles.

1. Patience d'eau et Nénuphar. — *N° 13**.

2. La grande Berle et les Houblons. — *N° 14**.

155-156. DEUX ÉTUDES, faisant partie de la suite inscrite plus haut sous les n°s 70-75. — In-8.

1. Petite Berle et Liserons. — *N° 15**.

2. Bardane au saule, 1849. — *N° 16**.

157-162. PLANTES VARIÉES GRAVÉES A L'EAU-FORTE PAR EUG. BLÉRY, six petites pièces de format in-8, portant un numérotage de 1 à 6, et datées de 1851.

1. La Bardane montée. — En hauteur. — *N° 17**.

2. La Fougère. — En largeur. — *N° 18**.

3. Roseaux et Anémones. — En hauteur. — *N° 19**.

4. Les Plantes grimpantes au pont. — En hauteur. — *N° 20**.

5. Patience et Roseaux. — En largeur. — *N° 21**.

6. L'Angélique sauvage. — En largeur. — *N° 22**.

163-168. SIX PLANTES, de format in-4, portant un numérotage de 1 à 6, et la date de 1855. Les deux premières portent en outre la date 1847.

1. Chardon. — En hauteur. — *N° 23**.

2. Bouillon blanc. — En hauteur. — *N° 24**.

3. Chardon à foulon. — En largeur. — *N° 25**.

4. Berle au chardon. — En hauteur. — *N° 26**.

5. Angélique sauvage et Roseaux. — En hauteur. — *N° 27**.

6. Roseaux et Renoncule. — En hauteur. — *N° 28**.

169-173. QUATRE PLANTES ET UN FRONTISPICE, in-4, et portant la date de 1857.

1. Le Chenal. — En largeur. — Une conduite d'eau en bois traverse la composition. — *N° 29**.

2. L'Étang. — En largeur. — A droite, roseaux, ronces et patience d'eau ; à gauche, un tronc de saule. — *N° 30**.

3. Le Tombeau au milieu des plantes. — En hauteur. — *N° 31**.

4. Le vieux Tronc à l'angélique. — En hauteur. — Tronc d'arbre mort, entouré de lierre. A gauche, un tronc de saule. — *N° 32**.

5. Guirlande de frontispice. — Petit in-4 en hauteur. — Signé et daté 1857. — *N° 33**.

174-185. DOUZE MOTIFS DE PLANTES, EX F[es], PAR EUG. BLÉRY, petites planches de divers formats, datées de 1858.

1. Roseaux et Salicaire. — Grand in-8. — *N° 34**.

2. Le Tussilage dentelé. — Grand in-8 en largeur. — *N° 35**.

3. Renoncule d'eau. — Petit in-8 en largeur. — *N° 36**.

4. Angélique sauvage et Chardon aquatique. — In-4. — *N° 37**.

5. La Charrue aux bardanes. — In-4 en largeur. — *N° 38**.

6. Le Houblon grimpant. — Petit in-8 en hauteur. — *N° 39**.

7. Patience d'eau. — Grand in-8 en largeur. — *N° 40**.

8. La grande Consoude. — Grand in-8 en largeur et long. — *N° 41**.

9. La Guirlande. — In-8 carré. — *N° 42**.

10. Bardane à la ronce en fleurs. — Grand in-8 en largeur. — *N° 43**.

11. Le Sureau en fleurs. — Grand in-8 en largeur. — *N° 44**.

12. Roseaux et Chardon. — Grand in-8. — *N° 45**.

186-189. Les quatre Guirlandes, planches in-4, datées de 1859.

1. Le Tamisier (avec lierre et épine). — *N° 46**.

2. Le Lierre (autour d'un bois moussu). — *N° 47**.

3. Le Houblon (entremêlé de sureau). — *N° 48**.

4. Ronce et Liseron (et Houblon). — *N° 49**.

190-195. Six plantes, planches in-4, datées de 1859.

1. Berle et Vigne. — *N° 50**.

2. Le Giraumon. — *N° 51**.

3. Patiences d'eau en graine. — *N° 52**.

4. Le Chardon aquatique au paysage. — *N° 53**.

5. Iris en graine. — *N° 54**.

6. Vigne et Rosier. — *N° 55**.

196-205. Planches diverses, publiées séparément.

1. Groupe de plantes au saule. — In-fol. — *Bléry del et sculp et impressit rue St André des Arts n° 11 à Paris. Aqua-forti 1850. — N° 56**.

2. Patience d'eau au tronc de châtaignier. — Grand in-fol. — *Bléry composuit et delineavit. 1861. — N° 57**.

3. Nymphæa submersa. — In-fol. — Daté de 1866. — *N° 58**.

4. Tussilages au rocher. — Grand in-4 en largeur. — Daté de 1866. — *N° 59**.

5. Le Bouillon blanc au tronc d'arbre. — Grand in-4 en hauteur. — Daté de 1866. — *N° 60**.

6. Feuilles de chardon. — Grand in-4 en largeur. — Daté de 1874. — *N° 61**.

7. Feuilles de patience d'eau. — Grand in-4 en largeur. — Daté de 1874. — *N° 62**.

8. Feuilles et fleur de berle. — Grand in-4, même dimension que les deux planches précédentes, en hauteur. — Daté de 1874. — *N° 63**.

9. Berle aux feuilles groupées. — In-fol. en largeur. — Daté de 1875. — *N° 64**.

10. Groupe de plantes exotiques. — In-fol. — Daté de 1877. — *N° 65**.

206. Grande étude gravée pour Braun. — In-fol. (Cabinet des Estampes.)

207-213. Planches citées par Bléry dans son catalogue comme n'étant plus en sa possession.

214-295. Planches brisées, au nombre de 82.

Décrites en partie par Le Blanc sous les n^os^ : 1. La petite Ruine. — 2. Le petit Chêne. — 3. Les Fabriques du bord de la Saône. — 4. La petite Cascade. — 5. Le petit Four de Montmartre. — 6. Les Chaumières au colombier. — 7. Les trois Chicots d'arbres. — 8. Le Château de Sassenage. — 9. Le Cours du Furon. — 10. L'Arbre penché par un temps d'orage. — 11. Les petits Arbres. — 12. Les Roches à l'aqueduc. — 13. La petite Forêt. — 14. Le Bois de Dampierre. — 15. Vue de Thiers. — 16. Le Chêne et le Hêtre. — 17. Les Arbres au bord de l'eau. — 18. Vue de Thiers. — 19. Le Dessous du bois de Dampierre. — 20. Le Pont sur l'Ivette. — 21. Intérieur de forêt. — 22. La petite Chaumière. — 23. Le petit Ovale, brisé après un tirage de 50 épreuves. — 24. Le Pont de Fourvoirie. — 25. Le Hêtre en éventail. — 26. L'Angélique, de moyenne dimension. — 27. La petite Scierie. — 28 et 29. Le vieux Chêne à la figure assise. — 30. Le Hêtre à la figure assise. — 32. Fleuron de titre, paysage ovale. — 33. Le Chêne en éventail. — 34. Le Chêne du moulin Godard. — 35. Vue d'une scierie à Saint-Pierre d'Albigny. — 36. La même en contrepartie. — 43. Le Chêne en éventail.— 44. Le Pont Perraut. — 46. Entrée du parc de Luynes. — 48. Le Chemin de la ferme. — 51. Le Moulin de Valvins. — 59. Moulin à St-Pierre d'Entremont. — 60. Vue de Saint-Nazaire en Royans. — 61. Vue de la porte d'entrée de la Grande-Chartreuse. — 73. Les Chênes sur la butte. — 77. Le Buisson de ronces. — 78. Le Pont de Bujey. — 87. Le Chêne au daguerréotype. — 115. Les Chaumières au pommier. — 116. Église de Cernay. — 129. La Patience d'eau montée. — 165. Ruines du château de Royat. — 167. Le Paysage de Ruysdaël. — 186. La Forêt du déluge à Fontainebleau, grande planche. — 189. La grande Berle et le Houblon. — 196. La grande Forêt. — 199. La Fleur du chardon. — 200. Le Trèfle d'eau. — 201. Le Pied de chardon monté en fleurs.

Bléry a dressé de son œuvre un autre catalogue raisonné où sont indiqués les *états* de ses planches, et où sont décrites les planches détruites, dont les rares épreuves sont restées en la possession du graveur ou de Vignères. Ce catalogue a été remis par Bléry à Vignères. Il est donc aujourd'hui entre les mains de la veuve de ce marchand d'estampes.

---

296. Lithographies.

Voyage dans le Dauphiné, les Hautes-Alpes, Vaucluse, l'Hérault et l'Auvergne, 12 lith. 1830.

Guide industriel dessiné d'après nature et lithographié par Bléry (Wild éditeur), 24 lith. de plantes.

Grandes lithographies de plantes, in-fol., datées 1848 et 1849, 12 p. très belles. Chez Wild.—Autre série plus petite, 1850, 12 lith.

Lithographies diverses, planches pour *l'École de dessin*, etc. (1)

---

(1) Puisque Bléry nous a mis sur le chapitre des paysages, profitons-en pour réparer une omission regrettable. Toute occasion est bonne pour cela.

Il s'agit du peintre Jean Achard. Nous n'avons pas donné, lorsque son nom s'est présenté, la liste de ses eaux-fortes. On nous l'a reproché, et avec raison, car cet œuvre de peintre-graveur mérite qu'on s'y arrête. Mais nous n'avions pas entre les mains les éléments indispensables à l'établissement d'un catalogue.

Il en est autrement aujourd'hui. M. Marcel Reymond, de la Société des Amis des Arts de Grenoble, vient de publier, dans le Catalogue de l'exposition de l'œuvre de Jean Achard, la description de 48 eaux-fortes du peintre, d'après les épreuves appartenant à M. Chaper, (la Bibliothèque nationale ne possède que 9 de ces eaux-fortes). Il nous donne aimablement l'autorisation de la reproduire ici.

LES EAUX-FORTES
DE
JEAN ACHARD

I. — PLANCHES EN LARGEUR

§ 1. — *Arbres non coupés dans le sommet par la bordure.*

1. Au milieu une grande masse d'arbres, au pied de laquelle coule un ruisseau. A gauche, au second plan, une colline surmontée d'un château en ruine. A droite des arbres, un chasseur. Ciel nuageux. — H. 148^{mm}. L. 218.

2. Vue du Taillefer et de la vallée du Drac, prise de Fontaine (Isère). — A droite, un tertre surmonté de grands arbres; de l'eau sur le devant; un petit personnage assis au pied d'un arbre. Ciel nuageux. — H. 152^{mm}. L. 220.

BLEUZE (Melle). — *Minerve alimentant les Arts et les Sciences*, lithographie d'après Prud'hon.

---

3. Au milieu, deux grands arbres dominant des terrains rocheux ; un chemin se dirige de gauche à droite ; échappée à droite. Dans l'épreuve que nous avons sous les yeux, les arbres de gauche et la plaine à droite ne sont pas terminés. — H. 118mm. L. 195.

4. Au milieu deux grandes masses d'arbres, en bas des terrains rocheux accidentés et un ruisseau ; sur la gauche une fuite sur une ligne d'arbres et une colline. — Cette planche est la plus grande de celles que nous cataloguons. H. 194mm. L. 259.

5. Tertre rocheux surmonté d'arbres. A gauche un arbre isolé ; au milieu, deux arbres à feuillage clair ; à droite, vaste échappée sur la plaine. Fait vers 1851. — H. 123mm. L. 193.

6. A droite des arbres, des broussailles, une grosse roche et de l'eau. A gauche, une échappée bornée par une ligne d'arbres. Fait en 1851. — H. 80mm. L. 123.

Cette eau-forte et les nos 7, 8, 9, 10, 11, 31, 32, font partie d'une série de huit eaux-fortes publiée en 1851, à Bruxelles, chez Segers et Bouwens.

7. A droite un petit tertre ; au milieu, une masse d'arbres ; à gauche, une échappée sur une ligne d'arbres et une colline éloignée ; un peu d'eau sur le devant, à gauche. — H. 82mm. L. 132.

8. Groupe d'arbres sur un petit monticule. A droite, une plaine ; sur le devant, des terrains légèrement accidentés, de l'eau et deux personnages. Ciel nuageux. Signé et daté 1851. — H. 100mm. L. 144.

9. Grande masse d'arbres sur un tertre. Échappée à droite et à gauche ; sur le devant, à gauche, de l'eau sortant des roches. Ciel nuageux. Signé et daté 1851. — H. 96mm. L. 140.

10. Grande masse d'arbres tenant presque toute la planche. Au pied des arbres, un personnage ; à droite, une échappée ; à gauche, un côteau boisé. Ciel nuageux. Signé et daté 1851. — H. 95mm. L. 141.

11. Le clocher du village. A droite, un clocher dans les arbres ; à gauche, une plaine ; sur le devant, une prairie marécageuse. Soleil couchant. Signé et daté 1851. — H. 90mm. L. 142.

12. Une ligne d'arbres dans le fond avec une échappée à gauche ; sur le devant, une petite clôture. Fait en 1867. — H. 85mm. L. 110.

Appartient avec les nos 13, 22, 25, 26, 27, 41, 42, à une série de huit eaux-fortes publiée à Paris en 1867.

BLONDEL (Mme LAURE). — Portrait de son mari, *F.-J. Blondel*, peintre, assis à son chevalet

13. Au milieu, un ruisseau tombant en cascade; à droite, des arbres élancés; à gauche, des saules. Fait en 1867. — H. 105^{mm}. L. 122.

14. Arbres au bord d'un étang. A gauche, l'étang dans les joncs, une ligne d'arbres et un côteau éloigné; au milieu, une grande masse d'arbres arrondie, deux troncs détachés sur sa gauche; en avant, à droite, une prairie. Publiée dans la *Gazette des Beaux-Arts*. — H. 121^{mm}. L. 171.

15. Arbres au bord d'un étang. Motif identique au précédent, avec cette différence qu'il est retourné; sur le devant, la prairie est gravée avec des tailles plus rapprochées. — H. 122^{mm}. L. 175.

16. Haie d'arbres. Deux troncs se détachent de la masse, sur la gauche; échappée sur une plaine à gauche; chemin en avant, se dirigeant vers la droite. — H. 105^{mm}. L. 150.

17. Haie d'arbres. Motif analogue au précédent. Différences : à gauche, un petit arbre dépouillé; la branche du sommet de l'arbre de droite est moins nettement séparée de la masse. (Il serait possible que cette épreuve fût simplement un état postérieur de la planche n° 16.) — H. 110^{mm}. L. 150.

18. Haie d'arbres. Même motif que le précédent, en dimensions plus grandes. — H. 125^{mm}. L. 173.

19. Haie d'arbres. Même motif que le précédent, seulement il est retourné; la trouée est sur la droite. Quelques roches en plus et un petit arbre sans feuilles à droite. — H. 110^{mm}. L. 160.

20. Haie d'arbres au bord de la mer, à Honfleur. Deux arbres couchés par le vent. La mer à gauche. — H. 53^{mm}. L. 80.

21. Haie d'arbres au bord de la mer, à Honfleur. Au milieu, une masse d'arbres se branchant vers la droite; échappée à gauche. Cette eau-forte est la plus petite de celles que nous cataloguons. — H 39^{mm}. L. 76.

22. Un grand arbre penché ayant à sa droite un tronc d'arbre sans feuilles; au pied de la masse d'arbres, une roche et de l'eau; échappée à droite. Fait en 1867. — H. 89^{mm}. L. 182.

§ 2. — *Arbres dont les sommets sont coupés par la bordure*

23. Lisière de bois. Masse d'arbres à gauche; à droite, un second plan

et tournant la tête vers le spectateur, lithographie in-4, vers 1825.

---

d'arbres à branches coupées et une colline assez élevée ; en avant, une prairie à herbes hautes. — H. 139^{mm}. L. 191.

24. Lisière de bois. Trouée à droite ; vers le milieu, de grosses roches ; un ruisseau en avant. Sauf un, les troncs d'arbres sont clairs ; tout le bas de la planche est à peine ébauché. — H. 133^{mm}. L. 182.

25. Lisière de bois. Trouée vers la gauche ; à droite, une roche noire ; Les troncs d'arbres sont noirs, très droits, sauf deux ou trois en diagonale. Fait en 1867. — H. 125^{mm}. L. 165.

26. Lisière de bois. Masse d'arbres à droite ; à gauche, au second plan, vers la bordure, une masse d'arbres assez élevée ; petite échappée vers le milieu. Fait en 1867. — H. 99^{mm}. L. 128.

27. Lisière de bois. A droite, au second plan, un côteau boisé ; au milieu, un gros tronc d'arbre noir, au pied duquel est une roche ; en avant, herbes hautes. Fait en 1867. — H. 89^{mm}. L. 122.

28. Intérieur de bois. Petite trouée au milieu, de nombreux troncs d'arbres droits ; sur le devant, une partie de la planche à peine attaquée. — H. 111^{mm}. L. 135.

29. Intérieur de bois. Au milieu, un gros tronc d'arbre très branché. Ni ciel, ni échappée. — H. 93^{mm}. L. 131.

30. Deux arbres. Effet de printemps. A droite, dans le lointain, un arbre et une colline, prairie en avant. Planche très finement attaquée. — H. 96^{mm}. L. 141.

II. — PLANCHES EN HAUTEUR.

§ 1. — *Arbres non coupés dans le sommet par la bordure.*

31. Groupe d'arbres. Au milieu, deux grands arbres ; à droite, au second plan, une petite masse d'arbres ; sur le devant, de l'eau coulant entre des roches. Signé et daté 1851. — H. 140^{mm}. L. 98.

32. Groupe d'arbres. Un grand arbre droit ayant à sa gauche un arbre penché ; sur le devant, un gros caillou ; à gauche, de l'eau. Signé et daté 1851. — H. 125^{mm}. L. 100.

33. Un arbre. Fuyant à droite. Fait vers 1850. — H. 126^{mm}. L. 81.

BLOT (Maurice), 1753-1818, élève de Saint-Aubin, avait gravé sous l'ancien régime, d'un

34. Masse d'arbres à droite ; échappée à gauche ; planche inachevée gauche, un tronc d'arbre à peine commencé. — H. 155^{mm}. L. 110.

35. Masse d'arbres à gauche ; à droite, échappée sur un côteau au pied duquel coule une rivière. Planche inachevée. Postérieurement à l'épreuve du cabinet Chaper, la planche a été remaniée, le sommet des arbres, vers la gauche, a été effacé et laissé à l'état d'ébauche. — H. 178^{mm}. L. 137.

36. Masse d'arbres. Même motif que le numéro précédent, seulement il est retourné. La similitude est telle, qu'elle fait supposer qu'il s'agit ici d'une même planche retournée par des moyens mécaniques. — H. 192^{mm}. L. 138.

37. Motif d'arbres en hauteur. Au milieu, deux arbres à tronc élégant ; à droite, des broussailles et deux petits troncs d'arbres dont un incliné ; échappée sur une plaine boisée ; de l'eau en avant. — H. 145^{mm}. L. 112.

§ 2. — *Arbres dont les sommets sont coupés par la bordure.*

38. Lisière de forêt. A gauche, masse d'arbres à branchages accusés, peu garnis de feuillage. Échappée à droite, quatre à cinq gros cailloux sur le devant. — H. 184^{mm}. L. 134.

39. Lisière de forêt. A gauche, un rocher montant jusqu'au sommet de la planche ; une petite roche à droite ; trouée au milieu ; troncs d'arbres très fins, feuilles naissantes. Inachevé dans le bas. — H. 184^{mm}. L. 125.

40. Lisière de forêt. Masse d'arbres à gauche ; trois troncs d'arbres noirs ; celui de droite, le plus important ; échappée à droite ; sur le devant, un filet d'eau coulant à travers des broussailles et des cailloux. — H. 140^{mm}. L. 95.

41. Lisière de forêt. Masse d'arbres à droite ; à gauche, au second plan, une masse d'arbres importante ; à droite, un tronc d'arbre poussant de nombreuses branches vers la gauche ; un petit tronc d'arbre tout droit à gauche ; broussailles au premier plan. Fait en 1867. — H. 112^{mm}. L. 81.

42. Une grosse roche au milieu ; une masse d'arbres et de l'eau à gauche ; un arbuste à droite. Fait en 1867. — H. 131^{mm}. L. 83.

burin régulier mais sans éclat, le tableau de Mme Vigée-Lebrun qui représente les enfants de Louis XVI, deux estampes bien connues de Fragonard (*le Contrat* et *le Verrou*), etc.

Le dix-neuvième siècle n'a que la moins bonne part de son œuvre, déjà bien ordinaire : *Jupiter enlève Io*, *Jupiter sous la forme de Diane séduit Calisto*, d'après Regnault; *la Vierge aux candélabres*, d'après Raphaël; *le Jugement de Pâris*, d'après Van der Werff, gravure exposée en 1800; *le Retour de Marcus Sextus*, d'après Guérin, gravure exposée en 1804; *la Méditation*, d'après le Guide; *la Vanité*, d'après Léonard de Vinci; *Vénus et Diane*, d'après Gauffier; diverses planches pour la *Galerie de Florence* et le *Racine*

43. Intérieur de forêt. Nombreux troncs d'arbres; petite trouée au milieu; un sentier sur le devant. — H. 126mm. L. 104.

44. Intérieur de bois. En avant, un tronc incliné de droite à gauche, au second plan, deux troncs d'arbres inclinés horizontalement de droite à gauche. Deux taches au milieu de la planche. — H. 140mm. L. 96.

45. Intérieur de forêt. Nappe de lumière sur le milieu; un tronc d'arbre clair incliné de droite à gauche; deux roches; un peu d'eau; inachevé sur le devant. — H. 173mm. L. 129.

46. Intérieur de forêt. Sans ciel ni échappée; vers le milieu, un gros arbre branché au pied duquel est une roche. — H. 135mm. L. 112.

47. Intérieur de forêt. Au milieu, deux troncs d'arbres, l'un clair tout droit, l'autre noir et tordu; une roche à gauche; une petite trouée sur la droite. — H. 131mm. L. 108.

48. Intérieur de forêt. Même motif que le n° 47 avec plus de ciel et de lointain sur la droite; l'échappée de droite laisse voir un côteau au pied duquel coule une rivière. — H. 185mm. L. 134.

de Didot; les portraits de *Corvisart*, 1809, et de *Winckelmann* d'après R. Mengs, 1815.

BOCOURT (Étienne), né en 1821, fils et frère de dessinateurs-graveurs d'histoire naturelle, a dessiné de nombreux portraits et reproductions de tableaux pour le *Magasin pittoresque*, le *Monde illustré*, l'*Histoire des Peintres*, etc.

Il ne s'est mis à la gravure que tout récemment, et a publié dans le journal *l'Art* plusieurs eaux-fortes : les portraits in-4 de *Corot*, *Courbet*, *Millet*; plusieurs reproductions de tableaux de maîtres anciens; puis la *Danse espagnole* de Sargent, et enfin une reproduction du grand bas-relief qui valut la médaille d'honneur de sculpture à M. Dalou en 1883, *les États généraux, séance du 23 juin 1789*.

Portraits de l'illustrateur *Daniel Vierge*, vêtu d'un paletot de fourrure, et d'*Ingres*.

L'Échaudoir, très grande eau-forte d'après Servin.

BODMER (Karl), né à Zurich en 1809, peintre et graveur. Expose depuis 1836; médailles en 1851, 1855, 1863; décoré en 1876.

Il n'est pas, d'ordinaire, existence plus dépourvue d'incidents et d'imprévu que celle des graveurs : aussi passons-nous brièvement sur leur biographie qui, en définitive, se résume toujours en ces quelques termes fort simples : le futur graveur, dès son jeune âge, manifeste l'intention de suivre « la carrière des arts », ses parents font plus ou moins d'opposition, la vocation de l'enfant triomphe de leur résistance, il apprend à dessiner, puis à graver, puis il grave.... et c'est tout.

La vie de Bodmer, par exception, offre une particularité notable, son voyage dans l'Amérique du Nord en 1832-34 avec le prince de Wied, qu'il accompagnait comme dessinateur. Bodmer vécut parmi les Indiens ; comme Salvator Rosa chez les brigands, il captiva leur amitié en dessinant leurs portraits : il séjourna dans leurs wigwams, fuma avec eux nombre de calumets, mangea du nez de chien, assista aux combats des Piékans et des Assinibouins, vit scalper, bref, connut *de visu* tout ce dont le commun des Français n'a qu'une teinture approximative par les romans de Gustave Aimard. Au retour de ce voyage, il publia un atlas des plus curieux. Après quoi, bien qu'il ait toujours eu la nostalgie de l'Amérique et de ses chers Indiens (« En Europe, — dit-il souvent, — j'ai des connaissances, mais là-bas j'avais des amis. »), il eut le tact de ne plus revenir sur ce sujet, original à coup sûr, mais qui aurait vite lassé, et il aborda un autre genre où il a su se faire une place à part.

Bodmer est le peintre de la forêt et de ses hôtes,

sangliers, renards, loups, cerfs, chevreuils, oiseaux; sur ce thème unique, il a peint et gravé des variations magistrales, car il voit la nature grande et belle, — ce naturalisme-là nous plaît pour le moins autant qu'un autre.

Son œuvre de graveur, vous le connaissez tous par les belles compositions que donnent de temps en temps les journaux illustrés.

En voici d'ailleurs un catalogue rapide :

EAUX-FORTES. [1] — **1**. Cerf de Virginie, in-4. — **2**. Les Canards. — **3**. Pigeon sur son nid. — **4**. Les deux Faisans en forêt. — **5**. Hérons. — **6**. Oies bernaches. — **7**. Une Biche. — **8**. Oie, Héron, 2 p. sur le même cuivre. — **9**. Cygne, Héron, 2 p. sur le même cuivre. (Plusieurs des pièces qui précèdent ont été reproduites en lithographie.) — **10**. Ours dans un arbre, in-4. — **11**. Aigle au vol. — **12**. Trois oursons dans un arbre. — **13**. Une Harde (*la Vie à la campagne*). — **14**. Cerfs à la reposée (*id.*). — **15**. Chardon et Chardonnerets. — **16**. Cane et sa couvée, in-4. — **17**. Rivière. Sur le même cuivre un sanglier, croquis. — **18**. Le Chasseur, tiré à une seule épreuve. — **19**. Troupeau de bisons, in-4. — **20**. Cinq canards au bord d'une mare. — **21**. Trois canards au bord d'une rivière. —

(1) Plusieurs de ces eaux-fortes, très rares, nous sont signalées par M. Giacomelli, qu'on doit nécessairement consulter lorsqu'on veut dresser le catalogue d'un peintre-graveur contemporain. Nous sommes heureux de lui adresser ici nos remerciements, pour les renseignements précieux qu'il nous a donnés, et pour ceux qu'il veut bien nous promettre encore.

22. Éléphants, ours montant à un arbre, etc. — 23. Canard posé sur une patte. — 24. Taureaux. — 25. Cygnes. — 26. Chat jouant avec une couleuvre. — 27. Dromadaire couché. — 28. Héron à aigrette. — 29. Tête de buffle. — 30. Faucons. — 31. Vanneaux. — 32. Étang dans une forêt.

33. Paons. — 34. Chat sauvage. — 35. Chèvre et Chevreaux. — 36. Renard sur une piste. — 37. Loutre. — 38. Vol de hérons. — 39. Chiens d'arrêt. — 40. Chiens de garde. — 41. Renard rentrant au terrier. — 42. Sanglier. (Font partie d'une collection publiée en Angleterre.)

43. Forêt, avec des canards près d'une mare, in-4.

44. Forêt au gros arbre.

45. Forêt aux trois arbres, in-4.

46. Le Saule baignant dans la rivière, in-4.

47. Le Cerf et la Vigne, vignette en largeur exécutée pour les *Fables de La Fontaine*, édition dite *des douze peintres*, Jouaust 1873. Pièce inédite.

48. Même sujet, en hauteur. Pièce publiée.

Les onze autres compositions, de J.-L. Brown, Daubigny, Detaille, Gérôme, L. Leloir, Em. Lévy, H. Lévy, Millet, Ph. Rousseau, Stevens et Worms, étaient reproduites par la photogravure. Depuis, l'éditeur les a fait également graver à l'eau-forte.

Bodmer a encore gravé trois eaux-fortes, d'après Bida, pour les *Évangiles* de Hachette. Très belles.

Plus importantes encore que les eaux-fortes sont les pièces suivantes, qui forment la partie la plus considérable et la plus belle de l'œuvre.

49. GRAVURES EN RELIEF (procédé Comte). — Il en a paru un grand nombre, la plupart fort belles et d'une variété de composition que l'énoncé des titres ne ferait pas supposer, dans *l'Illustration, le Monde illustré, le Magasin pittoresque.* C'est dire qu'elles sont universellement connues. Nous ne croyons pas utile de les mentionner toutes, parce qu'elles ont été publiées dans des recueils qui sont dans toutes les mains et où il est bien facile de les retrouver ; nous indiquerons seulement à titre de specimens :

Vingt compositions parues dans *l'Illustration*, et publiées ensuite en un album à part, sous le titre *Collection de vingt eaux-fortes* (ce sont des gravures en relief) *par Karl Bodmer* : 1. Sépulture d'Indiens assiniboins, in-4. — 2. Sous les sapins, in-8. — 3. Angoisses et Insouciance, in-4 en l. — 4. Biche et Faon, in-4 en l. — 5. La Tourmente (cerf dans la neige), in-8 en l. — 6. Course de sangliers dans la neige, in-4 en l. — 7. Sangliers dans leur fort, in-4 en l. — 8. Dangereux voisinage, les martres, in-4. — 9. Le Renard en chasse, in-4. — 10. Un Terrier de renards, in-fol. — 11. Une Source sous bois, in-fol. — 12. Combat de cerfs, in-fol. en l. — 13. Le Retour du vaincu, in-fol. en l. — 14. Assemblée de grands ducs, in-fol. en l. — 15. La Foudre, in-fol. en l. — 16. A l'abri, petit in-4. — 17. Les Faisans, in-4 en l. — 18. Canards sauvages, in-4 en l. — 19. La Récréation des ours, in-4. — 20. L'Appel du cerf, in-fol.

Douze planches in-4, parues dans *la Chasse illustrée* : 1. Cerf en fuite. — 2. Nid de fauvettes des roseaux. — 3. Nid du *Motacilla flava.* — 4. Canards sous les saules. — 5. Sangliers en fuite. — 6. Nid de perdrix dans les blés. — 7. Cerf de Saint-Hubert. — 8. Renard en chasse. — 9. La Chute des feuilles (harde de cerfs). — 10. Cerf bramant. — 11. Bécasses au vol. — 12. Solitude (hérons dans une mare).

Vingt-quatre grandes planches in-fol. pour *le Monde illustré* (encore inédites en partie) : 1. Grives dans la vigne. — 2. La Curée du cerf. — 3. Fouine et Corbeaux. — 4. Nid de mésanges à longue queue. — 5. Nid de roitelets. — 6. Canards sous bois. — 7. Famille de chevreuils. — 8. Cerf sortant de la forêt. — 9. Concurrence (renard et chat sauvage). — 10. Renard et Geai. — 11. L'École de natation. — 12. Famille de braconniers. — 13. Cerf de Saint-Hubert. — 14. Cerf et Hérons. — 15. Bécasses. — 16. Le grand Tétras. — 17. Les premières Fleurs. — 18. La Garenne. — 19. Cerfs à la reposée. — 20. La Fouine. — 21. Famille de bécasses. — 22. Faisans sous bois. — 23. Sangliers. — 24. Canards. (Il y a dans cette série des morceaux superbes, à mettre au rang des plus belles pièces de Bodmer.)

---

50. Lithographies. Elles sont aussi très nombreuses. Nous citerons :

Animaux et paysages d'après nature par Karl Bodmer, suite in-fol. chez Goupil.

Histoire des premiers colons d'Amérique, 4 p. in-fol. Les personnages ont été dessinés par Millet. Superbes.

Le Refuge, belle pièce. — Un Coin de jardin, in-fol. ovale, très belle lithographie, bien connue (en collaboration avec Mouilleron).

Combat de cerfs, — Le Bas-Bréau (publiées par Mouilleron).

Harde de biches la nuit, in-4 (trois épreuves, un accident est arrivé à la pierre).

Trois canards à la file.

Canards entrant dans l'eau, *dessné sur papier transporté sur pierre.* — Combat de cerfs, essai de report sur pierre (très rare).

Haute futaie, avec un bûcheron dessiné par Millet, in-fol. (très rare).

Lithographies pour la collection Bertauts.

Lithographies d'après Bodmer par E. Leroux, Mouilleron, etc., etc.

---

51. Voyage dans l'intérieur de l'Amérique du Nord, *exécuté pendant les années 1832, 1833 et 1834 par le prince de Wied-Neuwied*, 3 vol. in-8. Atlas de 82 grandes planches dessinées sur les lieux par Charles Bodmer et gravées par les plus habiles

artistes de Paris et de Londres. (Arthur Bertrand éditeur, typographie de Didot.)

52. Vignettes gravées sur bois pour *la Forêt*, de Muller, *la Vie à la campagne*, pour plusieurs ouvrages sur la chasse, pour le *Magasin pittoresque*, pour *Quatre-vingt-treize*, de Victor Hugo.

53. La Nature chez elle, par Th. Gautier, 1870 (Marc éd.), 40 sujets dans le texte et hors texte. Plusieurs ont paru comme specimens dans diverses publications illustrées.

54. Fac-simile de dessins, album de 12 p. (Chez Dalloz.)

55. Faune et Flore, *compositions et eaux-fortes* (procédé Comte) *par Karl Bodmer*. (Paris, Callavas 1883.) — Ce sont des compositions de dessins industriels, motifs de plantes et d'animaux, et d'un très grand goût.

56. En préparation. Suite de 96 illustrations pour un ouvrage sur la chasse. (Rothschild éd.)

BOETZEL (Ernest), né à Saar-Union en 1830, dessinateur et graveur sur bois.

Album Boetzel, 44 gravures sur bois, reproductions d'œuvres marquantes ayant figuré aux Salons de 1869 à 1875.

BOETZEL (Melle H.), a gravé sur bois des illustrations pour *Paris-Guide*, etc.

BOILLY (Louis), peintre et lithographe, né en 1768, mort en 1845.

Passons sur la première partie de sa carrière, qui appartient au XVIIIe siècle. C'est d'ailleurs la plus intéressante au point de vue du collectionneur d'estampes; c'est celle des grandes gravures au pointillé reproduisant des tableaux de genre, dont les sujets légers sont encore accentués par une légende provocante ou à double sens (*Ça ira*, *Ça a été*, *Poussez ferme*, etc., etc.). Boilly produisait des tableaux de ce genre en plein quatre-vingt-treize; ce qui offrait, observe Renouvier, un contraste singulier « non avec les mœurs réelles, mais avec les mœurs que des républicains sévères auraient voulu donner à la société régénérée ». Il eut une affaire à ce propos avec les Jacobins, et s'en tira tant bien que mal.

Sur ses vieux jours, Boilly aborda la lithographie; il nous a laissé de ce chef un nombre considérable de pièces.

1. *Recueil de dessins lithographiques par L. Boilly*, chez Delpech, 1822.

   Ce sont des types populaires : la Vielleuse, la Bonne petite Sœur, les Joueurs de cartes, les Chiffonniers, les Commissionnaires, les Fumeurs, le Mendiant, la Petite Famille, le Tondeur de chiens, les Petits Savoyards, les Tailleurs de pierre, la Bonne Aventure, le Jeu de billes, le Défi, le Coup de peigne, Scène poissarde, etc.

2. *Recueil de sujets moraux dessinés sur pierre par L. Boilly*, chez Delpech.

Pauvre homme couvrez-vous. — Il y a plus malheureux que moi. — Prenez brave homme, il vous doit la vie. — Monsieur, c'est-y ça que vous cherchez ? — Je te donne ma malédiction ! — Merci, belle dame.

3. *Recueil de croquis dessinés à Rome par J. Boilly et lithographiés par son père*, chez Delpech, 1826.

4. Pièces diverses. — Il y en a plusieurs d'intéressantes, très typiques comme costumes et comme genre Restauration ; les amateurs commencent à les rechercher :

Réjouissances publiques, grande pièce in-fol. sur les distributions gratuites de vin au peuple, pour la fête du Roi. (L'impression morale qui se dégage de cette curieuse estampe est qu'on a fort bien fait de supprimer ce genre de largesses dégradantes.) — Les Déménagements, in-fol. — A la santé du Roi. — Le bon Ménage. — Les Époux heureux, in-fol., 1826 (chez Villain). (C'est la pièce où se retrouve le mieux la manière du peintre ; adroitement coloriée, elle peut presque donner l'illusion d'un tableau.) — L'Innocence et la Fidélité (jeune enfant endormi sous la garde d'un chien), petite pièce datée de 1826. — Le Jeu de tonneau ; Le Cabaret (chez Delpech). — Le Pauvre Chat ; Les Journaux (chez Delpech). — Le Jeu de billard. — L'Économie politique. — La Vaccine. — Le Songe de Tartini. — La Distraction (chez Engelmann). — Le Singe mendiant (chez Formentin). — La Partie de piquet (chez Constans). — La Laitière ; La Guinguette. — Piron avec ses amis Collé et Gallet, in-fol., 1830. — Le Pied de bœuf ; La Marchande, 1830. — Le Jeu de dominos ; Le Jeu de dames ; Le Jeu de cartes ; Le Jeu des échecs, in-4, 1830 (chez Lemercier).

L'Effet du mélodrame, Spectacle gratis, deux grandes pièces. Ici Boilly s'est adonné à un genre qui semble l'avoir passionné : il ne s'est préoccupé que d'accumuler des têtes et de leur faire rendre, en les outrant, les multiples expressions que peut prendre la physionomie humaine, dans les diverses conditions et aux différents âges de la vie (1). Il

(1) Ce genre déplorable n'est pas mort, il subsiste encore et paraît

ne fit pas autre chose dans une série de lithographies, de format in-4, comme : Vous serez heureuse en ménage (expression de jeunes femmes du peuple se faisant tirer les cartes), — Et l'ogre l'a mangé (têtes d'enfants terrifiés par un conte de bonne femme), — La Perruque du grand-papa. Le Bonnet de la grand'-mère (têtes de petits enfants qui s'affublent de déguisements), et ainsi de suite : Embrasse-moi ma sœur. C'est ma bonne maman, — Le Départ. Le Retour, — Ah les méchants enfants !, — Les Jouets du jour de l'an, — La Bonne Nouvelle. La Mauvaise Nouvelle, — La Première Dent. La Dernière Dent, etc.

Il n'y a pas de raison pour que cela finisse.

Boilly, pour simplifier, en vint même à supprimer le semblant d'action, il renonça à grouper les personnages de façon à obtenir des sujets d'estampes : il mit les têtes toutes seules. Il y a une série interminable (une centaine de pièces au moins) de ces assemblages, que l'éditeur Aubert a publié de nouveau, plus tard, sous le titre de *Groupes physionomiques connus sous le titre de Grimaces.*

Cet exercice n'est pas long à devenir exaspérant. Rien ne lasse plus vite que la figure humaine rendue sous une expression grimaçante. De tous les genres connus, c'est incontestablement le plus insupportable. Nous en aurons ailleurs encore la preuve.

BOILLY (JULES), né à Paris en 1796, fils et élève du précédent ; a lithographié :

1. Portraits de tous les membres de l'Institut vers 1825.

---

récréer le populaire : vous passez rarement devant un étalage de gravures à bon marché sans y voir, par exemple, deux joueurs dont l'un s'épanouit parce qu'il a *Quinte et quatorze*, et l'autre s'effondre parce qu'il est *Capot* ; ou bien deux moines dont l'un fait *Gras* et l'autre *Maigre*, etc. La photographie s'est mise de la partie, elle nous inonde de physionomies diverses aux trois âges de la vie : *Ma fille, ma femme, ma belle-mère*, etc., etc. Mais Boilly serait donc le créateur du genre.

2. Suite de portraits de femmes-auteurs (que les marchands d'estampes appellent assez irrévérencieusement *Suite des Bas-bleus*), 20 p. in-4.

Duchesse d'Abrantès. — D'Altenheim née Soumet. — Victoire Babois.— Baronne de Bawr.— Comtesse de Bradi. — Rochelle de Brécy. — Baronne de Carlowitz. — Éveline Desormery. — A. Dupin. — Marquise de Gévaudan. — Guizot née de Meulan. — Comtesse d'Hautpoul. — Lesguillon née Sandrin. — Marie Nodier-Mennessier. — Sophie Pannier. — Clémence Robert. — Princesse G. de Salm.— George Sand.— Alide de Savignac.— Anaïs Ségalas.

On y sent l'intention de surprendre le coup de crayon de Devéria.

3. Reproductions de dessins de Prud'hon.

Prud'hon, profil. — Apollon et les Muses, (Sieurin éd. 1845), en 10 feuilles. — Apollon et les Muses (Sieurin éd. 1851), en 5 feuilles. — Vénus et Adonis. — Vénus au bain. — Le Repentir.— L'Amour.— La Caresse.— L'Égratignure. — Les Préparatifs de la guerre. — L'Ame. — Joseph et la femme de Putiphar.— Thémis. — Thémis, autre. — Plafond de Diane au Louvre. — La Richesse, les Arts, les Plaisirs, la Philosophie, 4 p. — Le Printemps, l'Été, l'Automne, l'Hiver, 4 p. — Le Matin, le Midi, le Soir, la Nuit, 4 p. — Caprices. — Surtout de table de Marie-Louise.

Presque toutes ces pièces furent éditées par Sieurin, marchand d'estampes, que tous les amateurs de livres à vignettes ont bien connu. Après avoir cédé son fonds, il s'était retiré, rue de la Montagne-Ste-Geneviève; il y recevait les bibliophiles, leur montrait sa bibliothèque et ses gravures, leur enseignait le fort et le faible des livres et des épreuves, les aidait à classer leurs suites de vignettes dans les volumes. Il avait en cette matière une expérience consommée et était très écouté.

Sieurin avait eu le goût et le mérite d'apprécier et de collectionner les productions des vignettistes du XVIIIe siècle à l'époque où personne n'en voulait.

Il a publié un *Manuel de l'amateur d'illustrations*, dédié à M. Eugène Paillet.

BOILLY (ALPHONSE), graveur au burin et à la manière noire.

ESTAMPES DIVERSES.

Portraits pour *le Plutarque français*, édition de Crapelet, 1835.

Planches pour les *Galeries historiques de Versailles.* (*Bataille de Taillebourg*, d'après Delacroix. portraits, etc.) — Plusieurs petits portraits pour la *Galerie Napoléon*, (*Pitt*, *Général Moreau*, *Berthier*, etc.) — Casimir Périer, d'après Hersent. — Louis-Philippe et sa famille, médaillon dans un trophée. — Vignettes pour l'*Histoire de France* de l'abbé de Montgaillard, d'après Raffet, 1836, — pour *la Peau de chagrin.* — La Vierge de Séville, d'après Murillo (Dusacq éd.). — Le Précurseur, Le Sauveur du monde, 2 p. d'après Murillo (Goupil éd.). — L'Étude, La Sagesse, La Richesse, L'Amour, 4 p. d'après Prud'hon (Sieurin éd.).

BOILOT (ALFRED), a exposé au Salon de 1885 un *Petit Pêcheur de Villerville*, d'après Ulysse Butin, et une *Cour de ferme*.

BOILVIN (ÉMILE), né à Metz en 1845, peintre et graveur. Élève de Pils, il a surtout fait de la peinture jusqu'en 1871, époque où il s'est mis à la gravure à l'eau-forte. Pils l'a beaucoup employé aux peintures qui ornent les voussures de l'escalier de l'Opéra.

Boilvin expose depuis 1865.

Talent délicat et distingué qui procède des maîtres de l'école française du XVIIIe siècle; dessin élégant et fin, gravure très soignée. Il n'est point d'artiste plus exigeant vis à vis de soi-même : Boilvin ne livre rien dont il ne soit absolument satisfait ; ce qui ne lui plaît qu'à demi est immédiatement détruit. Peut-être même pousse-t-il trop loin des scrupules qui nous privent certainement d'œuvres excellentes.

1. Janotus de Bragmardo réclamant les cloches à Gargantua, grand in-8, d'après le tableau exposé en 1868, première eau-forte de Boilvin, publiée dans *Sonnets et Eaux-fortes*.

2. BIVOUAC PENDANT LE BLOCUS A METZ, in-4, d'après le tableau exposé en 1874. (Cadart éd.)

3. Agacerie (femme agaçant un perroquet), in-4, d'après le tableau exposé en 1878.

4. Douze têtes de femmes, décors d'assiettes pour la fabrique d'Haviland.

Très rares. Nous sont connues par une suite d'épreuves appartenant à Bracquemond.

---

5. Plusieurs eaux-fortes d'après des maîtres modernes, Delacroix, Millet, Puvis de Chavannes, Cabanel, Dupré, Corot, Rousseau, etc., pour la *Galerie Durand-Ruel*.

6. Eaux-fortes pour divers catalogues de ventes, d'après Murillo, Hobbema, Wouvermans (les Bords du Rhin), Drouais (portraits), Boucher, Diaz, Huet, etc. — L'Heureuse Mère, d'après Boucher (*l'Art*). — Portrait de Henri IV.

BOISFREMONT (BOULANGER DE), 1776-1838, peintre, élève et ami de Prud'hon.

La Samaritaine, petite lithographie d'après son tableau exposé en 1823.

BOISSELAT, graveur à l'eau-forte, vers 1833.

1. Frontispices romantiques à l'eau-forte, dans le goût de Célestin Nanteuil, pour *Mater dolorosa* d'Henry Berthoud, 1833; pour *Raoul de Pellevé*; pour *Nostradamus* de Bonnelier; *Quand on a vingt ans*, de Louis Huart; *Élie Mariaker*, d'Évariste Boulay-Paty; 14 eaux-fortes pour l'*Histoire du Mont Saint-Michel* de Maximilien Raoul.

2. Capet lève-toi (Souffrances de Louis XVII); l'Archange Saint-Michel, d'après Duseigneur; l'Ange gardien, d'après Decaisne; le Larmoyeur, d'après A. Scheffer.

3. Statue de Lebrun, duc de Plaisance, d'après Etex, lith.

BOISSIEU (JEAN-JACQUES DE), 1736-1810. Il n'est pas possible de le considérer comme un graveur du XIXe siècle, bien qu'il ait gravé postérieurement à 1800. Nous renvoyons donc au catalogue de son œuvre publié chez Rapilly (voyez à partir du n° 112) et nous nous bornons à mentionner le portrait de *Pie VII* et deux autres pièces : *Pie VII bénissant des enfants à Lyon* et *Promenade du Pape sur la Saône.*

BOISSON (LÉON), né à Nîmes le 2 octobre 1854, grand prix de Rome au concours de gravure de 1876, graveur au burin et à l'eau-forte.

La Laitière hollandaise, d'après Delort ; etc.

Portrait d'après Raphaël, 1877. — *Vierge et Enfant Jésus*, d'après Bellini, 1879. — *Claude Brousson*, d'après Bronckhorst, 1884. — *Renommée*, d'après Aimé Morot. — Le *Premier Chapitre* et *Conclusion*, d'après Rougier. — *La Belle Féronnière*, d'après L. de Vinci. — *L'Amour sacré* et *l'Amour profane*, d'après le Titien. — Portraits de *Calame*, d'*Engel-Dollfus*, de *Ch. Sagnier*, dessinateur et graveur, 1885.

Vignettes pour la *Chanson des nouveaux époux.*

Vignettes pour les *Poésies de Coppée.*

BONAPARTE (la Princesse CHARLOTTE), 1802-1839, fille du roi Joseph, mariée à Napoléon-Louis, second fils de Louis roi de Hollande, (et frère aîné de Napoléon III).

Album de Paysages lithographiés ; douze pièces de formats variables, mesurant en moyenne 25 cent. sur 20, trait carré avec filet d'encadrement, et au dessous les signatures *Napoléon inv. Robert fig. Charlotte del. Salucci lito.*

Léopold Robert avait connu à Rome, en 1825, la reine Hortense et son fils, marié à sa cousine Charlotte. Le prince et sa femme admiraient beaucoup le talent si poétique du peintre, et Léopold Robert, attiré chez eux, devint bientôt leur ami dévoué : ils passaient ensemble toutes leurs soirées. C'est alors qu'ils conçurent l'idée de l'album en triple collaboration. Les compositions en sont peu variées, les paysages naïfs, mais d'une exécution assez bonne, les figures très caractéristiques du talent de Léopold Robert.

BONAPARTE (la Princesse Jeanne), a exposé au Salon de 1884 un *Paysage*, gravure sur bois.

BONHEUR (Rosa), peintre.

1. Feuilles de croquis lithographiques, rarissimes :

1. Sept moutons. Signé à rebours *R. B. 1864*. Dans le haut l'inscription : *pour les amis seulement, essai.* — 2. Chevaux, chèvres, béliers (sept têtes), *R. B. 1864*. Dans le haut on lit : *à enlever après 1er tirage.* — 3. Agneaux (quatorze têtes et un groupe de deux). *R. B. 1864.*

2. Bergerie. *Rosa Bonheur lith*, in-4 en l.

3. Chiens de chasse, report sur pierre (imprimerie Lemercier). — Tête de taureau, Tête de génisse, Tête de lionne, id. (*l'Autographe*).

4. Taureaux espagnols, *lith par Rosa Bonheur sur papier Aug. Bry.* In-fol.

A ajouter : Bœuf attelé à une charrue, bois gravé

pour *la Maison rustique*; bois pour les *Fables de Berlot-Chapuit*.

Très nombreuses lithographies d'après R. Bonheur, par Didier, Gilbert, J. Laurens, Sirouy, Soulange-Teissier, etc.

BONHOMMÉ (FRANÇOIS), — dit *le Forgeron* parce qu'il s'est fait la spécialité de peindre des vues de grands établissements métallurgiques, — né à Paris en 1809, peintre, aquarelliste remarquable, élève de Lethière, H. Vernet et Delaroche.

On lui doit quelques lithographies très importantes; vraies lithographies de peintre, exemptes de la miévrerie que prend le procédé dans la main des lithographes de métier.

1. ÉRECTION DE L'OBÉLISQUE, 25 octobre 1836, en 2 p. in-4 en l. (vues prises à midi et à trois heures).

2. Réception officielle de l'évêque de Nevers dans sa ville épiscopale, 21 mars 1843.

3. 15 MAI 1848 (Envahissement de l'Assemblée), in-fol. en l. Pièce d'un très grand effet.

Il en existe une réduction gravée par Beyer et Wilmann.

4. 23 JUIN 1848, *dédié à l'Assemblée nationale*. (Attaque des barricades : le général Cavaignac est debout sur une passerelle du canal Saint-Martin : au premier plan sont les représentants Randoing, de Tréveneuc, Duclerc, Pierre Bonaparte, Lamartine), petit in-fol. en l.

Cette pièce, donnée comme faite d'après nature, produit une impression saisissante : rien ne saurait mieux rendre l'horreur de cette guerre effroyable. Bonhommé, sans le dire et probablement même sans le savoir, s'est montré ici véritablement *impressionniste*, dans le sens possible de ce mot que tant d'autres depuis ont employé avec affectation, s'évertuant à être extraordinaires, et n'arrivant pas à un résultat.

5. Éventail : sujet relatif à l'Exposition de Londres ; la France et l'Angleterre se donnent la main devant le Prince Albert, etc. 1862.

6. VUES DU CREUSOT. (Goupil éd.)

La plus remarquable est celle qui représente des mineurs descendant dans une benne.

7. VUES DES ATELIERS DE FOURCHAMBAULT.

On avait demandé à Paul Delaroche un de ses élèves pour peindre les mines de Fourchambault : il désigna Bonhommé dont cette mission inattendue fixa la voie.

8. Petit portrait de Francœur, membre de l'Institut, 1849.

Une série de portraits en pied de Représentants du peuple à l'Assemblée de 1848, a été gravée d'après Bonhommé par divers artistes, sous la direction de Péronard.

Bonhommé a collaboré à l'ouvrage du baron Taylor. Il a fait des dessins pour un album représentant les bas-reliefs de l'Arc-de-Triomphe. Une gravure à l'eau-forte, Diplôme pour Société de secours mutuels ; le Père éternel est à la partie supérieure, avec la devise *Aimez-vous les uns les autres* ; sur les côtés, divers groupes.

Gravures sur zinc : Coulée d'une pièce de fonte à Indret ; — Indret ; — Toulon.

BONINGTON, peintre, né à Nottingham en 1801, vint à Paris en 1816 avec ses parents qui le firent entrer dans l'atelier de Gros. Il retourna en Angleterre en 1827 et mourut à Londres en 1828.

Cet artiste, mort à la fleur de l'âge, a laissé une soixantaine de lithographies, dont le catalogue a été soigneusement dressé par M. Aglaüs Bouvenne (1). La plupart représentent des vues de monuments gothiques, et les plus importantes sont celles qui ont été publiées dans les *Voyages pittoresques en France* du baron Taylor. En passant par la main du peintre, ces reproductions de monuments prennent de telles qualités pittoresques, une couleur si personnelle, qu'elles acquièrent l'importance et l'intérêt de véritables compositions originales. Ce sont des chefs-d'œuvre et il faut les mettre au premier rang parmi les pièces qui ont fait honneur à la lithographie, ce procédé qui semble avoir donné le meilleur de lui-même dès son début.

L'œuvre de Bonington est exquis, délicat sans aucune mollesse; on ne saurait le parcourir sans rester sous le charme. Aussi ses lithographies ont-elles toujours été recherchées des collectionneurs (M. His de la Salle, par exemple) qui en poursuivaient des épreuves exceptionnelles, changeant et améliorant jusqu'à ce qu'ils

(1) *Catalogue de l'œuvre gravé et lithographié de R.-P. Bonington, par Aglaüs Bouvenne, avec un portrait gravé par A. De Launay, et plusieurs fac-simile.* Paris, Baur et Detaille, 1873, in-8.

fussent arrivés à la possession d'épreuves fleur de pierre. (Et comme dépense, cela n'engageait pas à de gros sacrifices; voyez les prix des ventes Parguez et de La Combe!)

Le Cabinet des Estampes possède un très bel œuvre de Bonington, qui a été mis à la réserve. Puisse-t-il suggérer aux peintres qui le regarderont la pensée de relever la lithographie, vrai procédé d'artiste, qui dans leurs mains, employé à des compositions originales et de primesaut, peut donner des résultats merveilleux.

1. RUE DU GROS-HORLOGE, A ROUEN. 1824. (43 fr. vente De La Combe, 1862.)

Le chef-d'œuvre de Bonington. Cette lithographie, et les treize qui suivent, ont été exécutées pour l'ouvrage du baron Taylor.

2. ÉGLISE SAINT-GERVAIS ET SAINT-PROTAIS A GISORS.

3. TOUR AUX ARCHIVES A VERNON.

4. TOUR DU GROS-HORLOGE (ÉVREUX).

5. Grand cul-de-lampe représentant des fenêtres de l'abside de l'église Saint-Taurin d'Évreux. Deux prêtres sont au premier plan.

6. PESMES, d'après Ciceri. 1825.

7. ABBAYE DE TOURNUS (Vue générale de l'église).

8. FAÇADE DE L'ÉGLISE DE BROU.

9. Tombeau de Marguerite de Bourbon dans l'église de Brou. Vauzelle del.

10. Vue générale des ruines du château d'Arlay. 1827.

11. Ruines du château d'Arlay.

A. Bouvenne signale l'existence d'une épreuve d'essai de cette lithographie, avec différences, probablement unique.

12. Pierre de Vaivre. Taylor del.

13. Croix de Moulin-les-Planches.

14. Vue d'une rue du faubourg de Besançon.

15. Façade de l'église Saint-Jean à Lyon.

On suppose que cette lithographie inédite était destinée à l'ouvrage du baron Taylor.

16-25. RESTES ET FRAGMENTS D'ARCHITECTURE. Très belle et rare suite de 10 lithographies, connue sous le nom de *la Petite Normandie*.

1. Titre : *Architecture du Moyen-Age*, une porte gothique du XVe siècle, Caen. — 2. La Tour du marché de Bergues. — 3. Château d'Arcourt. — 4. Maison grande rue Saint-Pierre à Caen. — 5. Vue prise de la route de Calais, à Abbeville. — 6. Cathédrale Notre-Dame, à Rouen, telle qu'elle était avant l'incendie de 1822. — 7. Maison rue Sainte-Véronique à Beauvais. — 8. Église Saint-Sauveur à Caen. — 9. Entrée de la salle des Pas-Perdus du Palais de justice de Rouen. — 10. Fontaine de la Crosse à Rouen.

26. Porte latérale à gauche à Saint-Wulfram d'Abbeville.

M. Bouvenne pense que cette lithographie rarissime était destinée à un cahier devant faire suite aux *Fragments d'architecture*.

27-29. VOYAGE AU BRÉSIL, trois lithographies d'après Rugendas.

1. Entrée de la rade de Rio-Janeiro (effet de mauvais temps). — 2. Campos, sur les bords du Rio das Velhas (les personnages par V. Adam). M. Bouvenne signale un très beau premier état, à l'adresse de Fourquemin au lieu d'Engelmann. — 3. Embouchure de la rivière de Caxoera (ou en premier état : le Canot indien); il y a, dans l'œuvre du Cabinet des Estampes, une merveilleuse épreuve avant la lettre de cette pièce exquise.

30-42. VUES PITTORESQUES DE L'ÉCOSSE, 11 p. d'après Pernot, et 2 culs-de-lampe de Bonington. (Texte par A. Pichot, Gosselin et Lami-Denozan, 1826.)

1. Édimbourg vu du Carlton-Hill. — 2. Château de Doun. — 3. Château d'Argyle. — 4. Glenfilas. — 5. Château de Bothwell. — 6. Lac Lomond vu de la caverne de Rob-Roy. — 7. Ancienne porte vers Stirling. — 8. Ancienne tour près de Lanark. — 9. Lac de Killin. — 10. Édimbourg vu de la chapelle Saint-Antoine. — 11. Brackline. — 12. Le Duel, cul-de-lampe. — 13. Les Pendus, cul-de-lampe.

43. Porte gothique à peu près semblable à celle du titre de la série précédente, mais s'ouvrant du côté inverse, le vantail repose à droite. (Cabinet des Estampes.) 43 fr. vente Parguez.

44. Porte d'une maison en bois, XVe siècle, avec un écriteau où on lit *Médecin de l'Hôpital.* (Cabinet des Estampes.)

45. Le Matin, marine; Noël del.

46. Un gros temps, d'après Mamby.

47-52. SUJETS DE GENRE, suite de 6 lithographies in-8, avec deux filets d'encadrement.

1. Le Repos. — 2. La Prière. — 3. La Conversation. —

4. Le Silence favorable. — 5. Les Plaisirs paternels. — 6. Le Retour.

M. Bouvenne dit que les épreuves tirées chez Lemercier sont quelquefois supérieures à celles tirées chez Langlumé, qui cependant sont les premières.

53. Bas-relief représentant un chevalier. Titre pour *la Villageoise*, romance, paroles du comte de Rességuier, musique d'Amédée de Beauplan.

54-60. Vignette de titre et 6 vignettes pour *les Contes du gay sçavoir*, de Ferd. Langlé (Lami-Denozan, 1828), un vol. in-8. (Les autres figures sont d'Henri Monnier.)

61. Lithographie in-8 (H. 19 cent. L. 11 $\frac{1}{2}$) représentant un nombreux public au pied d'un mât de cocagne (?); à droite, une baraque. Attribuée à Bonington. (Cabinet des Estampes.)

62. Lithographie in-8 en largeur (L. 18 cent. H. 9 $\frac{1}{2}$) représentant l'entrée d'une rivière avec divers petits navires; à droite, un clocher. Attribuée à Bonington. (Cabinet des Estampes.)

63. Quatre sujets in-12 (L. 10 cent. H. 7 $\frac{1}{2}$) lithographiés sur une même feuille et publiés en Angleterre : 1. *Temple of Juno Lucina Girgenti.* — 2. *Temple of Concord.* — 3. *Temple of Cérès, Ségeste.* — 4. *Wiew of Girgenty.*

Cette pièce fait partie de la collection de M. Giacomelli, qui l'attribue à Bonington.

Nous l'indiquons ici sous toutes réserves.

64. Vue de Bologne, eau-forte in-8, signée *R. P. B.* London, Colnaghi, 1828. (57 fr. vente du colonel de La Combe.)

Cette petite pièce suffit pour donner la conviction que

Bonington eût été, s'il eût vécu, un des maîtres de l'eau-forte. Il change ici de tempérament en changeant de procédé. Lui si enveloppé dans ses lithographies, montre dans la *Vue de Bologne* une fermeté, une franchise de morsure dans les lignes des constructions, qui font penser à ce que fera plus tard Méryon.

65-68. Vue de Vérone, Tourelle de l'hôtel Saint-Paul, Bateau de Seine, Bateau, 4 petites pièces au vernis mou, cataloguées par A. Bouvenne d'après la collection de M. de Triqueti. Ces pièces sont maintenant à Londres.

Au Cabinet des Estampes on trouve un vernis mou de Bonington. C'est une vue de ville italienne : une rue étroite très peuplée, et le long de laquelle court à droite un large ruisseau passant sous un pont. Au fond, un campanile et l'indication d'une montagne. (H. 15 cent. L. 10.)

BONNAT, peintre, né en 1833, a gravé à l'eau-forte, pour la *Gazette des Beaux-Arts*, le portrait de son maître *Léon Cogniet*, celui de *M. Thiers*, et *la Lutte de Jacob*, d'après son tableau.

BONNEFOND (Claude-Jean), né à Lyon en 1796, peintre, élève de Revoil.

Lithographies : Vœu à la Madone, Fontaine des Capucins à Lyon, Portrait de Jacquard, etc.

BONNEFOY, faisait en 1830 des caricatures sur Charles X : *les Pieds de nez de 1830*; *la Ren-*

contre imprévue (Charles X et le dey d'Alger); *Avant, pendant, après; Ayez pitié d'un pauvre aveugle, s. v. p.* (1)

BONTEMPS (Mme), graveuse en manière noire.

1. Enfants surpris par un loup, — Enfants surpris par un garde, — Le Mauvais Sujet et sa famille, d'après Grenier. — 2. Famille égarée dans les neiges, d'après E. Girardet. — 3. Jument défendant son poulain, d'après H. Vernet.

BONVIN (François), peintre, né en 1817. — Son œuvre de graveur est peu considérable, mais non sans caractère.

1. Diverses pièces : *Six croquis de chats à l'eau-forte, par François Bonvin 1849.* — Auguste Péquégnot, in-12 carré, *Bonvin 50.* — Le peintre Lenain, d'après le tableau du musée du Puy, pour une brochure de Champfleury. — Le même, première planche inédite, la tête tournée à droite. — Tête de femme, *Bonvin 54.* — Le vieux Lecamus, pour *la Succession Lecamus*, de Champfleury, (Poulet-Malassis édit.). — Satyre fouettant une nymphe, d'après Carrache, planche signée *Péquégnot.* — Son propre portrait, 1847 (gravé sur bois).

(1) Il y a un autre Bonnefoy, graveur au pointillé de la fin du XVIIIe siècle, et la Vve Bonnefoy qui a publié quelques pièces au pointillé.

2. SIX EAUX-FORTES, DESSINÉES ET GRAVÉES PAR F. BONVIN, PEINTRE. *A Paris, chez l'auteur, rue St Jacques no 236, 1861. Imprimé par Delâtre.* Couverture gravée.

1. Les Instruments de l'eau-forte : *Première suite d'eaux-fortes gravées par le peintre François Bonvin, Paris 1861.* Titre, in-4. — 2. Fileuse bretonne, *Bonvin 1861*, *Guinguamp*; grand in-4. — 3. Enfant mangeant sa soupe; in-4. — 4. Graveur, effet de lampe; in-4. — 5. La Rue du Champ de l'Alouette (*les Misérables*); in-4 en l. — 6. Le Joueur de guitare; grand in-4.

3. PREMIÈRE SUITE DE DIX EAUX-FORTES PAR FRANÇOIS BONVIN, PEINTRE ✻. *Paris et Londres, 1861 et 1871.* (Chez Cadart). Couverture gravée.

1 à 6. Les mêmes que ci-dessus, en second tirage. Le titre inscrit sur la planche des Instruments de l'eau-forte a été effacé. — 7. La Tisserande, 1861, grand in-8. — 8. Le Dessert (enfant sur sa chaise), in-4. — 9. La Porte de St-Malo à Dinan, *London 1871*, in-4 en l. — 10. La Sortie de cave (une cuisinière), 1868, in-4.

Il faut ajouter à cette suite deux autres pièces gravées à Londres : Un Chien, et la Rance.

Le graveur avait l'intention de faire d'autres eaux-fortes sur Londres; la fatigue de sa vue l'en a empêché.

Les plus belles épreuves que nous connaissions des eaux-fortes de Bonvin, sont celles qui ont été tirées pour M. Burty, sur un fort papier d'emballage japonais.

BONVOISIN, gravait sous la Restauration.

1. Louis XVIII, in-4. — 2. La duchesse d'Angoulême, in-4. — 3. Broussais, in-4. — 4. Mlle Mars, d'après Dévéria, in-8. — 5. Portraits pour illustration de livres.

BOQUET (Mlle), graveuse du commencement du siècle.

1. Architecture de Nogent-sur-Seine. — **2**. Groupe en marbre de Diane de Poitiers. — **3**. Tombeau de Montmorency. — **4**. Restes de René Descartes. — **5**. Entrée du jardin des Petits-Augustins telle qu'elle était en 1816. — **6**. Chapelle sépulcrale d'Héloïse et d'Abailard.

Toutes pièces in-4 d'après A. Boquet, insignifiantes.

BOQUET (Pierre-J.), graveur au lavis du commencement du siècle.

1. La Clochette, l'Hermite, 2 p. in-8. — **2**. Annonce d'un heureux retour, Rentrée du militaire dans sa famille, 2 p. in-4 d'après Taunay.

BORDEAUX (Henri de France, Duc de), 1820-1884.

1. Santa-Maria di Porto-Salvo à Naples, lithographie signée *Henri 1830*, imprimée à Saint-Cloud sur la presse de M. le Duc de Bordeaux. — **2**. Une petite tête de grenadier, avec l'inscription *Mes amours toujours* et la signature *Henri*. Chez Fourouge, place du Louvre 10. (Cabinet des Estampes, réserve, volume des *Amateurs*.)

Ces petites pièces, d'une exécution enfantine, ont leur intérêt de curiosité.

BOSIO (JEAN-FRANÇOIS), 1767-1832, frère aîné du célèbre sculpteur baron Bosio, était peintre et élève de David. Il fut professeur à l'école polytechnique du 10 frimaire an III au 30 frimaire an X, époque à laquelle il donna sa démission : en cette qualité il a publié un *Traité élémentaire des règles du dessin* (an IX, in-12, avec figures).

1. Lithographies diverses.

Daphnis et Chloée (*sic*). — St Andéol, d'après Guerchin ; St Faustin et St Jovite, martyrs (chez Villain). — Corinne (chez Langlumé). — Promenade aux Tuileries (chez Engelmann). — *Élevé par sa mère et nourri dans les larmes il saura plaindre le malheur* (la duchesse de Berry et le duc de Bordeaux), in-8, chez Villain. — Baptême de Mgr le duc de Bordeaux, allégorie, petit in-fol. (chez Villain). — Plusieurs pièces de la *Galerie militaire* (chez Engelmann).

2. ESTAMPES DE MODES.

Bosio fut, dans les premières années de notre siècle, un dessinateur de modes assez intéressant, et les pièces de ce genre qu'il a publiées sont maintenant recherchées. Elles ne portent généralement point de nom de graveur et n'ont que la signature *Bosio*, avec un monogramme formé d'un *D* et d'un *S* entrelacés.

Cinq tableaux de costumes parisiens réunissant cent quarante-trois figures, prix 33 f. en couleur. A Paris, au Bureau du Journal des Dames, rue Montmartre 132, 1804 (Titre avec spécimens de chapeaux et de coiffures de femmes, et cinq estampes au pointillé colorié : la Bouillote, Bal de l'Opéra, Bal de société, l'Escamoteur, la Lanterne magique).

Le Lever des ouvrières en linge ; le Coucher des ouvrières en linge.

« Bosio en vint à nous représenter le Davidisme en » spencer et en camisole, sans déroger, du reste, à ses » principes. Il est piquant de trouver les plus hautes théo- » ries de David sur la statuaire antique, et l'intérêt d'une

» composition obtenu par la pose isolée de chaque figure, » appliqués au *Coucher* et au *Lever des ouvrières en linge.* » Malgré l'actualité du costume et des airs, par la sobriété » des détails et la correction des formes, les huit figures » que le dessinateur a disposées prennent du style et font » un véritable bas-relief, à l'effet duquel concourt l'ameuble- » ment, et qui n'est nullement indécent, malgré le vètement » retroussé de plusieurs de ces demoiselles. » (Renouvier.)

Les Musards de la rue du Coq (regardant les estampes exposées chez Martinet).

La plupart des estampes d'un recueil aujourd'hui très recherché : *Le Bon Genre.* (Il y a un autre recueil dans le même goût : *Le Suprême bon ton.*)

« Ces pièces exécutées assez librement, bien qu'avec » propreté et relevées d'enluminures, jouiront de plus d'es- » time, auprès des curieux, le jour où l'on tiendra plus de » compte à l'art de ses ingénuités que de ses prétentions. » Ainsi prophétisait Renouvier il y a seulement vingt-cinq ans, et aujourd'hui on a vu un exemplaire du *Bon Genre* dépasser en vente le prix de 1500 francs.

BOSQ. — A gravé pour Renouard quelques-unes des illustrations dessinées par Moreau dans sa vieillesse. Sous ce nom nous trouvons aussi :

1. L'Adieu au monde, d'après Haudebourt, 1826. — 2. L'Horoscope de Sixte-Quint, d'après Schnetz. — 3. La première Prise, La première Pipe, 2 p. in-fol. d'après Pigal, à la manière noire.

BOSSELMANN, graveur au pointillé, de 1820 à 1840.

Petits sujets de genre et images de piété d'après Chasselat, Westall, Blaisot, etc., et même des estampes dites historiques : les Premières Amours de Henri IV ou l'origine de conter fleurette, suite d'après Dévéria; Napoléon en Prusse, Napoléon et Mme de Saint-Simon, le Divorce, Napoléon à Smolensk, etc., etc.

Toutes choses qui ne se peuvent considérer que comme de tristes témoignages de la dégradation que le pointillé fit alors subir à l'art de la gravure. On n'est jamais descendu plus bas, et nous dirions même aussi bas, si de notre temps encore les derniers efforts de la manière noire expirante ne jetaient sur la gravure un certain ridicule.

Au point de vue du costume, peut-être pourrait-on s'intéresser à quelques petites pièces de Bosselmann, comme *la Leçon de danse*, ou *la Walse amoureuse*.

Plus tard, Bosselmann grava dans le genre d'Hopwood des portraits de livres, pour l'*Histoire des Girondins*, d'après Raffet, etc., etc.

BOUCHARDY, fut le successeur de Chrétien dans l'exploitation du physionotrace; plusieurs portraits exécutés par ce procédé vers 1800 portent son adresse *Palais-Royal 82*.

BOUCHARDY (Joseph), 1810-1870, né dans une famille d'artistes et de graveurs, commença lui-même par prendre des leçons de gravure avec l'anglais Reynolds.

Nous connaissons de lui une *Jeanne d'Arc* de Paul Delaroche, et *le Jeune Moine* d'après Lorentz, paru dans *l'Artiste*.

Après quoi, comme il n'y a pas grand espoir d'arriver en France à la célébrité avec la gravure au racloir, dont les Anglais ont tiré si brillant parti, mais qui semble ne pas être notre fait, Bouchardy abandonna ses planches en manière noire pour confectionner des drames, également en manière noire, qui lui ont fait une célébrité universelle. C'est à ce changement de vocation que nous devons *Gaspardo le pêcheur*, *Lazare le pâtre*, *le Sonneur de Saint-Paul*. Merci mon Dieu!

BOUCHOT (FRÉDÉRIC), dessinateur et lithographe. (1)

1. Lithographies à la plume publiées chez Genty.

   Mythodoxie ou morale des fables, nombreuse suite. — Amourettes du jour; le Hussard de la Garde; la Grisette abandonnée; la Déclaration; suites publiées vers 1830. — Grâce à la dot; On lit le roman, madame est sortie; Mon ami, c'est une envie de femme grosse; Une Consultation mise à profit.

2. Titres de quadrilles; Macédoines pour Aubert; Costumes de diverses marchandes (en charge); le Concert Musard, 1838; C'est effrayant; Types parisiens d'après Bourdet, 1838, avec encadrements ornés (intéressants comme gravures de modes), etc., etc.

   On trouve dans son œuvre une petite reproduction du *Benedicite* de Chardin. Mais ce sujet sérieux nous paraît être une exception : Bouchot fut un dessinateur enjoué, satirique, qui donna plusieurs lithographies à *la Caricature* de Philipon.

(1) On ne confondra pas Frédéric Bouchot avec François Bouchot, d'après lequel des graveurs de dixième ordre ont gravé des images de piété et des sujets soi-disant historiques.

3. Nombreuses suites de lithographies humoristiques, genre du *Charivari*, publiées chez Aubert.

Les Rêves ; — Ce que parler veut dire, suite de 30 p.; — Erreurs ; — Le Voisinage ; — Les Malheurs d'un amant heureux ; — L'École des voyageurs ; — Les Tribulations de la garde nationale (la suite est nombreuse !) ; — Le Chapitre des illusions ; — Les Contraires ; — Caricatures orthopédiques (pièces qu'on allonge en les dépliant, ce qui produit un effet de déformation grotesque) ; — Caricatures anti-cholériques (voilà ce qui s'appelle être gai à outrance. *Le véritable choléra*, pour notre dessinateur, c'est ce que nous appelons aujourd'hui « les belles petites »).

Une assez plaisante série est celle qu'on pourrait intituler *Ce qui se passe derrière les portes fermées.* Elle comprend cinquante pièces (et de plus il y a une seconde série), sur chacune desquelles est une porte lithographiée à part et qui peut se découper et s'appliquer sur le sujet principal. Devant la porte est généralement représenté un personnage qui la tient fermée à dessein, ou qui regarde par quelque fente. En soulevant le morceau rapporté, vous êtes censé pénétrer le mystère de ce qui se passe à huis-clos : cave ou mansarde, guérite ou fiacre, rien n'est à l'abri de votre égrillarde curiosité ; vous pensez bien que ce qu'on regarde par le trou des serrures est généralement fort leste.

BOUGON (Louis-Étienne). Travaillait vers 1820. Le Blanc indique à son nom des gravures sur bois, des études d'après le procédé anglais et des ornements et arabesques sur fond noir et blanc.

BOUGOURD (Auguste), né à Pont-Audemer, peintre et graveur à l'eau-forte contemporain.

Vue de Caudebec. — *Vue de Cherbourg.* — Diverses petites planches.

BOUILLARD (1744-1806), graveur au burin, n'appartient au XIXe siècle que par son portrait de *Napoléon*, in-fol.

BOUILLON (L.), graveur, vers 1820. — *Louis XVIII*, L. Bouillon ad vivum delin. et sculp. aq. forti. — *Louis XVIII*, médaillon de profil avec la légende *Servatori civium.*

BOUILLON (PIERRE), 1776-1831, élève de Monsiau, a lithographié le portrait de *M. de Forbin, essai dessiné et tiré en dix minutes*, 1819, celui de *Lebrun*, directeur des études à l'école polytechnique, etc.

BOULANGER (LOUIS), né en 1806. L'élève de Lethière et d'Achille Dévéria, l'ami de Victor Hugo, qui, après avoir été l'un des peintres romantiques par excellence, mourut en 1867 professeur à l'école des arts de Dijon, a laissé un œuvre lithographique très curieux, d'un romantisme à tous crins et absolument typique, de ce romantisme que Théophile Gautier appelait « hugolâtre et racinophobe ».

1. Les Fantômes (chez Motte). — **2.** Les Orientales (chez Motte). — **3.** Le Dernier Jour d'un condamné.

— **4**. Sarah la baigneuse. — **5**. Le Feu du ciel. — **6**. Scène de la Saint-Barthélemy. — **7**. La Ronde du sabbat. (Ces grandes pièces sont délirantes et truculentes.) — **8**. Saint Marc, Salon de 1835. — **9**. La Mort de Messaline. — **10**. Dante et Virgile. — **11**. Scène d'Othello. — **12**. Le roi Lear. — **13**. Scènes tirées de Faust. — **14**. Assassinat du duc d'Orléans rue Barbette. — **15**. Mort de Salvator Rosa.— **16**. Supplice de Mazeppa ; Mazeppa dans la forêt ; Mort du cheval de Mazeppa. — **17**. Jeune Femme turque assise. — **18**. Les Noisettes. — **19**. Les Preneurs de nids. — **20**. Androclès. — **21**. Le Sommeil du lion. — **22**. Tigre prêt à bondir sur un élan. — **23**. Attaque du lion ; Attaque du tigre ; Attaque de l'ours. — **24**. Pièces diverses publiées dans *l'Artiste*, dans *la Ruche*, etc. — **25**. Portraits de Pie VII petit in-fol. ; Pie VII in-12 ; Charles X ; Victor, rôle d'Othello, etc.

Les tableaux de Boulanger ont été lithographiés par Adrien, Canon, Desmadryl, Garnier, Jacquet, Latour, J. Laurens, Sevestre, Weber, etc.; ses portraits par Lassalle, Noël, etc.; des costumes par Edm. Dusommerard.

BOULARD (Auguste), peintre et graveur à l'eau-forte, né à Paris le 29 février 1852. Il est élève de son père, peintre apprécié ; et a appris la gravure avec Bracquemond et Foulquier.

1. Six paysages d'après Dupré, et le portrait de Dupré.

2. Quarante-cinq eaux-fortes pour les *Châteaux historiques* (Oudin).

3. Douze reproductions pour *la Renaissance en France* (Quantin).

4. Quatre reproductions pour le *Van Dyck* de M. Guiffrey.

5. Renaud et Armide, d'après Boucher. — Fête patronale, d'après Demarne.

6. Départ de pêcheurs, d'après son propre tableau.

7. Diverses reproductions pour des Catalogues, et quelques vignettes.

8. Portrait de M. Berthelot pour *les Origines de l'alchimie*, — de Mgr. Plantié, évêque de Nîmes, — de M. et Mme de Champeaux, — de Melle de Greffulhe. — Portraits pour les *Étrennes aux Dames* de Charavay : Mme Adam, Judith Gautier, Julia Daudet, G. de Peyrebrune, Mme d'Épinay.

9. Pour les *Cent Chefs-d'œuvre* : la Brûleuse d'herbes, de Millet ; le Tigre au coucher, de Delacroix ; Vue de Flandre, de Téniers ; Lisière des monts Girard, et la Chaumière, d'après Rousseau.

10. MON ANCIEN RÉGIMENT, d'après Detaille.

Cette grande estampe, exposée en 1885, a obtenu une médaille. C'est en effet une excellente planche qui indique un graveur d'avenir.

BOUQUET (AUGUSTE), le dessinateur des deux petits frontispices du *Debureau* de Jules Janin, (qui font face à des titres composés par Chenavard) a lithographié pour *la Caricature*, *le Charivari*.

Est-ce bien lui qui a exécuté un *Ange gardien*, d'après Decaisne, gravé à la manière noire et signé *A. Bouquet*?

BOUQUET (Michel), dessinateur et lithographe.

1. *Album valaque, vues et costumes pittoresques de la Valachie, dessinés d'après nature par Michel Bouquet et lithographiés par Eug. Ciceri, Ferogio et M. Bouquet*, 1843 (Goupil et Vibert éd.), in-fol.

2. *Scotland, the tourist ramble in the Highlands by Michel Bouquet* (Imp. Lemercier), in-fol.

BOUR (Ch.), lithographe. A fait tout ce qui concerne son état :

Reproductions de tableaux d'après A. Johannot, Dévéria, Decamps. — Le Drapeau et les tirailleurs, d'après H. Bellangé. — Défense de Mazagran, d'après Philippoteaux. — Passage du col de la Mouzaïa, etc. — Portraits divers : Juliette Godillon, organiste de la cathédrale de Meaux ; Représentants du Peuple en 1848, etc. — Vues d'Auvergne. — La Maison d'habitation de Mme Lafarge, d'après Devère, chef d'escadron d'état-major. — Gravures de modes. — Éventails. — Galerie militaire (chez Martinet), uniformes. — Suite de sujets pour les *Contes d'Hoffmann*, où perce une dernière lueur de romantisme. — Titres de morceaux de musique. — Albums de sa composition, inspirés de la manière de Victor Adam : Vie d'une jeune fille ; l'Échelle d'une femme ; le Mérite des femmes ; le Caprice ; la Variété ; la Miniature ; la Frivolité ; Album de l'infini ; etc., etc.

BOURDET, lithographe. — *Les Sept Péchés capitaux* (costumes de 1830), 7 p. avec encadrements, in-4, chez Bulla. — Diverses caricatures.

BOURGEOIS (E.), graveur au burin, a travaillé pour le *Musée Français*. — *Pie VII* d'après David, in-4. — *David* d'après Rouget, in-4.

BOURGEOIS (Amédée), lithographe. — *Vues d'Italie*, publiées chez Delpech.

BOURGEOIS (Constant), lithographe.

Vues d'Italie, in-fol. en l. (chez Engelmann), 1817. — *Vues et fabriques pittoresques d'Italie*, in-fol. (chez Delpech), 1823, le tout exécuté dans ce ton gris pâle qui caractérise les débuts de la lithographie. (1)

(1) Il y a plusieurs autres graveurs du nom de Bourgeois ; nous les omettons, leur œuvre n'offrant aucun intérêt. Deux lithographies d'après Prud'hon : *l'Attention* et *la Lecture*, sont signées *Bourgeois*.

Il y a aussi un artiste nommé *Bourgois (J.-B.-H.)*, qui a gravé des statues dans le *Musée Robillard*.

BOURGEOIS DE LA RICHARDIÈRE, né en 1777, graveur au pointillé, élève de Ruotte, a principalement gravé des portraits :

1. Napoléon, d'après Dumont, in-fol. — Joséphine, d'après Swebach, in-8. — Louis XVIII, (plusieurs fois). — Duchesse d'Angoulême. — Comte d'Artois. — Alexandre Ier, in-fol. — François II, in-fol. — Barré, Desfontaines et Radel. — Le docteur Gall. — Elleviou. — Spontini. — Membres de la Réunion des Arts et de l'Amitié : Bataille, Traversier, Plantade, Du Rivage, etc.

2. Arlequin afficheur, d'après Vincent, in-4. — Pièces diverses et vignettes, notamment celle de la *Première enfance* d'après Laffitte, dans le *Paul et Virginie* de Didot, 1806.

BOUTELIÉ, prix de Rome au concours de gravure de 1872.

1. Vignettes d'Émile Lévy pour *Atala et René* (collection bijou, Jouaust) ; pour *Psyché* (même collection). — Illustrations de F. Flameng pour les *Œuvres de Coppée* (Hébert éd.), suite gravée avec Boisson, Jacquet, etc. 1885.

2. Béatrix d'Este, d'après Léonard de Vinci (*Société française de gravure*).

BOUTET (HENRI), graveur à la pointe sèche, né à Ste-Hermine (Vendée) en 1851.

1. Darling, Parisienne, le Trottin (Delorière éd.).

2. Menus parisiens, etc.

Le graveur s'est adonné à cette spécialité de menus ; il en a publié déjà une centaine, par séries de six : les Femmes à table, les Frileuses, les Ombrelles, les Œufs de Pâques, les Baigneuses, etc.

Il publie aussi une série de croquis parisiens : quatre pièces ont paru sous le titre *Fantaisie incohérente* ; — un Polichinelle ; — plusieurs Calendriers et Programmes artistiques ; — *Invitation au punch de dignation* (*sic*, par opposition aux meetings d'indignation des intransigeants) *offert par les incohérents à la Presse parisienne et aux dames scrutatrices, au buffet de la Bourse, 30 novembre 1883* ; — etc., etc.

Ces compositions sont dans un sentiment tout moderne et très parisien.

3. Ex-libris Ernest Maindron. (Un collectionneur, perché sur une échelle, retire d'un gigantesque carton une affiche.) (1)

BOUTON (CHARLES-MARIE), né en 1781, un des inventeurs du diorama, a lithographié pour l'ouvrage du baron Taylor, etc.

---

(1) M. Ernest Maindron s'est avisé de réunir une très curieuse collection, qu'on pourrait définir *la gravure appliquée à la publicité* : affiches, adresses, prospectus, couvertures de livres, etc., etc.

Sa collection d'affiches, remarquablement complète, jouit d'une véritable célébrité.

On lira avec intérêt deux articles sur *les Affiches illustrées*, publiés par M. Maindron dans la *Gazette des Beaux-Arts* de novembre et décembre 1884 ; ou mieux encore, le livre qu'il va consacrer aux affiches, avec reproductions à l'appui (Launette éditeur).

Nous devons à notre ami M. Maindron des renseignements qui nous seront fort précieux lorsque nous nous occuperons des affiches, à l'article *Chéret* et autres.

BOUTRAY. Nous ne pouvons signaler de ce graveur qu'une affiche : *1re Fabrique de France, débit de cirage du chevalier Langlois, breveté fournisseur de Sa Majesté et de celle des princes, rue St-Martin 33.*

C'est assez maigre. Nous trouverons bientôt mieux que cela en fait d'affiches.

BOUTROIS (PHILIBERT), graveur du commencement du siècle.

1. Nombreuses planches pour le *Musée Filhol* (voir Le Blanc pour le détail). — 2. Planches pour le *Musée français*, notamment une *Sainte-Famille* de Véronèse et *le Pouilleux* de Murillo. Nous en avons sous les yeux l'eau-forte qui est très brillamment exécutée comme préparation.

BOUVENNE (AGLAÜS), né en 1829. L'auteur des catalogues des œuvres de Bonington, de Lemud, de Chassériau (et ajoutons de Bresdin Chien-Caillou, travail en préparation), est élève de Diaz et s'amuse à graver. Il a envoyé aux Salons, depuis 1870, trois *Reliures* en lithographie, et diverses eaux-fortes : *Victor Hugo sur le Rocher des Proscrits, le Tombeau de Méryon, Souvenir de la forêt de Fontainebleau* d'après Th. Rousseau, *Vue de Marly, le Château des*

Porcherons, Cheminées du château de Villers-Cotterets.

Aglaüs Bouvenne a imaginé et mis à la mode une nouvelle spécialité de collection, l'ex-libris. Il en a réuni une remarquable série de plus de trois mille six cents, des XVIIe et XVIIIe siècles, et modernes. Sa collection, qui n'a de rivales que celles de M. l'intendant Bilco ou de M. Benoit, a puissamment aidé Poulet-Malassis pour la publication de son intéressante plaquette sur les ex-libris.

De même qu'au siècle dernier les raffinés demandaient leurs ex-libris aux artistes les plus en vue, à Moreau, à Gaucher, à Choffard, à Saint-Aubin, de même aujourd'hui les artistes, les hommes de lettres demandent le leur, non à des graveurs héraldiques, à des graveurs de métier, mais à des artistes, aux Jacquemart, aux Flameng, aux Bracquemond.

Bouvenne en a gravé plusieurs, pour des bibliothèques fort importantes.

Il a eu l'honneur de graver l'*Ex-libris Victor Hugo* : le motif (monogramme devant Notre-Dame) en est inspiré de ce vers fameux de Vacquerie :

Les tours de Notre-Dame étaient l'H de son nom.

Puis l'*Ex-libris Théophile Gautier*: monogramme au dessus d'un grand scarabée égyptien.

Celui de *Champfleury* : un champ fleuri, avec le miroir de la Vérité, et dans le fond la cathédrale de Laon.

Les ex-libris :

Asselineau, avec cette devise énorme : *La femme qui n'est ni la colombe ni le roseau est un monstre* ;

Alexis Martin: un ours-martin tenant un monogramme ;

Édouard Castillon, à la devise *Travail et Liberté* ;

Jules Cousin : un cousin, (le *culex* des naturalistes) ;

Octave Uzanne : monogramme ;

A. Benoit, le collectionneur d'ex-libris ; sa devise est sage pour un collectionneur : *Avec le temps* ;

Mario Proth : une hirondelle et l'inscription *Sempre vagare* ;

Maurice Tourneux : initiales, avec la charmante devise *In angulo cum libello* ;

Alice Ozy.

BOUVIER (Ch.). — Sous ce nom nous trouvons la pièce suivante :

Les huit Époques de Napoléon, par un peintre d'histoire. Steuben pinx. Ch. Bouvier sc. 1842. C'est le chapeau de Napoléon sous huit aspects différents, exprimant par cette variété de positions la grandeur et les revers du conquérant. (Il y a un autre état avec le titre *Napoléon* tout court.)

BOVINET, né à Chaumont en 1767, élève de Patas. — Son œuvre comprend un millier de pièces, pas moins. Et sur ces mille pièces, on serait embarrassé d'en citer une qui puisse tenter le collectionneur. Pas une de saillante!

Presque toujours, Bovinet ne fait que terminer des eaux-fortes préparées par Couché fils.

1. Planches pour le *Musée français* et le *Musée Filhol*.

2. Pièces diverses.

Reddition d'Ulm, d'après Grenier, petit in-fol. — La Barrière de Clichy d'après Horace Vernet, Vues de batailles d'après Duplessi-Bertaux et Swebach, Débarquement du duc de Berry à Cherbourg, Entrée de Louis XVIII à Paris, etc. — Louis XVIII quitte les Tuileries, Retour de Bonaparte, 2 p. in-8, d'après Heim. — Titre pour *Histoire de Napoléon et de la Grande-Armée*, par le comte de Ségur. — Titres et petites vues de batailles pour les *Trophées des armées françaises de 1792 à 1815* (Lefuel éd.). — En-tête pour la Liste des dames désignées pour recevoir S. A. R. Madame, duchesse d'Angoulême, dans les fêtes données au Roi par la Ville de Paris, le 29 août 1814. — Les Généraux de l'Empire, 100 portraits sur cinq feuilles. — Napoléon, médaillon dans un encadrement formant tête de page.

Vignettes nombreuses d'après Chasselat, Choquet, etc. Un fait curieux, c'est que les livres pour lesquels étaient exécutées ces piètres illustrations ont si complètement disparu de la circulation que les libraires et les amateurs les plus expérimentés n'en connaissent même pas les titres. Tous les exemplaires ont-ils donc été jetés au pilon?

TABLE

Lille Imp. L. Danel.

www.ingramcontent.com/pod-product-compliance
Lightning Source LLC
LaVergne TN
LVHW050535100826
845148LV00002B/560